KÖNIGS FURT

W0250219

Über dieses Buch

Alles, was du schon immer über Tarot wissen wolltest. Hier erfährst du es. Dieses Buch zeigt dir, wie du sofort anfangen und wie du selber die Karten deuten kannst. *Von führenden Hexen empfohlen!*

Rena Terhef lebt in Köln und arbeitet als Texterin und Drehbuchautorin.

Bibliographische Information der Deutschen Bibliothek
Die Deutsche Bibliothek verzeichnet diese Publikation in der Deutschen Nationalbibliografie; detaillierte bibliografische Daten sind im Internet über http://dnb.ddb.de abrufbar.

© 2001 by Königsfurt Verlag
D-24796 Krummwisch
www.koenigsfurt.com
www.tarot-online.com

Komplett überarbeitete Neuausgabe
von »Tarot für Teens«

Umschlaggestaltung: Peter Krafft, Bad Krozingen
Satz und Lithos: Stefan Hose, Eckernförde
Druck- und Bindung: Clausen & Bosse, Leck

Printed in Germany
ISBN 3-89875-504-5 (Buch & Karten im Set)
ISBN 3-89875-505-3 (Buch separat)

Auflage:	6.	5.	4.	3.	2.
Jahr:	2007	2006	2005	2004	2003

(Maßgeblich ist die rechte Zahl.)

Rena Terhef

Tarot für Zauberhexen

Königsfurt

Die einzelnen Karten im Überblick

Inhalt

Einführung

Willst du eine wirkliche Hexe sein? Eine Zauberhexe noch dazu? Dann sind Tarotkarten und der richtige Umgang mit ihnen schon mal ein sehr guter Anfang.

Denn nur allzu oft fühlt sich eine Zauberhexe auch ziemlich allein gelassen, und dann zeigt sich, dass Tarotkarten sehr gut geeignet sind, nach neuen Lösungen und Möglichkeiten Ausschau zu halten.

Außerdem gilt es, die Mindestanforderungen, die an eine gute Hexe gestellt werden, zu erfüllen! Dazu wäre es gut zu wissen, wie eine solche auszusehen hat und wie sie zu erkennen ist? Wodurch zeichnen sich Hexen aus? Lois Bourne ist eine bekannte britische Hexe, die auch sehr originelle und witzige Bücher über ihr Hexenleben geschrieben hat. Sie sagt über Hexen voller Überzeugung:

»Geborene Hexen haben eine starke Ausstrahlung, sind intelligent, kultiviert, talentiert, redegewandt und attraktiv; sie besitzen die größte aller Gaben überhaupt: die der Magie, des Wissens und des Hellsehens.«

Tja, so ist es. Außerdem schwatzen zauberhafte Hexen nicht übermäßig über ihre Arbeit, weil sie nämlich sonst nicht gelingt. Es ist vermutlich das Schwierigste, zuerst mal die Hexenmaxime aus dem Effeff zu beherrschen, die da lautet:

WISSEN, WOLLEN, WAGEN, SCHWEIGEN.

Letzteres ist am schwierigsten!!

Da ist es gut, wenn eine Zauberhexe zunächst mal in aller Ruhe mit ihren Tarotkarten das Allernötigste besprechen kann. Zu dieser Kunst – nämlich mit den Tarotkarten zu sprechen – soll dich dieses Buch hinführen. Wenn du diese Kunst beherrschst, brauchst du dich auch nicht mehr an Auslegesysteme zu halten, weil die Karten schon wissen, was du sie fragen willst! Die Antworten werden dir nur so zufallen, auch wenn du die Karten nur mal kurz angefasst hast. Aber bis dahin heißt es: ÜBEN, ÜBEN, ÜBEN!

Viel Spaß und die nötige Geduld wünscht dir die Autorin.

Die Geschichte der Tarotkarten

Natürlich interessiert dich, welcher Herkunft unsere Tarotkarten eigentlich sind.

Das Waite Tarot, das du in diesem Buch kennen lernst, wurde im Jahre 1910 von Arthur Edward Waite herausgegeben, die Karten von Pamela Colman Smith gestaltet.

Damals erregten die Karten Aufsehen, da es einige Veränderungen gab, die sich von früheren Kartendecks deutlich abhoben. Zum ersten Mal gab es richtige Bildergeschichten zu entdecken, weil den Kleinen Arkana szenische Darstellungen zugeordnet waren. Außerdem waren auch einige Darstellungen der Großen Arkana verändert, sowie die Reihenfolge durch Austauschen der Karten Kraft und Gerechtigkeit auf den Plätzen VIII und XI.

Ob auf Platz XI nun die Karte Gerechtigkeit oder Kraft liegt, ist deshalb wichtig, weil dieser Platz so etwas wie das Zentrum der Großen Arkana ist. Doch damit befinden wir uns bereits im spannungsgeladenen Diskussionsfeld aller an Tarot Interessierten: Ist es die ursprüngliche Absicht des Tarot, den Menschen einen Weg aufzuzeigen? Das reichlich abgenutzte Wort »Einweihung«, das bereits mit einem Schleier von Kitsch überzogen ist, mag diese Richtung andeuten.

Übrigens hat Pamela Colman Smith, die in ihrer Jugend recht unkonventionell, mit einer Schauspieltruppe umherziehend und Bühnenbilder malend, lebte, auch ihre eigenen Ansichten in dieses Tarotspiel eingebracht: Den Kleinen Arkana hat sie auf vielen Karten eine bühnenbildartige, szenische Gestaltung gegeben.

So wie sie hat wohl jeder Maler, der eigene Tarotbilder gestaltet hat, seine persönlichen Gedanken hier und da auf den Karten in einem für andere nicht verständlichen Symbol ausgedrückt. Deshalb ist die Geschichte der Tarotkarten auch nicht so einfach zurückzuverfolgen. Es gab sowohl einzelne Menschen mit ihrem speziellen Wissen wie auch hochmotivierte Gruppen; so den esoterischen Klub »The Order of the Golden Dawn« und andere, deren Namen und Absichten nur noch Geheimbündler und Religionsforscher kennen.

Im Kontext der Geschichte unserer abendländischen Gesellschaft belegen Jahreszahlen das Auftauchen von Tarotkarten. Zunächst fürstlichen Kreisen zugedacht, entstanden um 1450 in Italien wunderschön gemalte Karten, jeweils einzeln in Handarbeit gefertigt.

Diese ersten, von einem unbekanten italienischen Maler hergestellten Karten wurden als »Tarocchi« bekannt, und in ihnen sind schon alle Elemente der heutigen Tarotkarten enthalten: vier Farben mit je 14 Karten, sowie 22 »Triumphi«, unsere Großen Arkana.

Auch DER GEHÄNGTE, eine der seltsamsten Karten, befindet sich schon darunter. Diese Karte ist der erste nachgewiesene Beleg für die Verknüpfung einer esoterischen Bedeutung mit den Spielkarten.

Spielkarten gab es in Europa schon im zweiten Drittel des 14. Jahrhunderts, wie man unter anderem gesetzlichen Verordnungen aus Frankreich entnehmen kann, die das Glücksspiel, unter das auch Kartenspiele fielen, verboten.

Das wunderschöne und auch heute noch als Reprint im Handel befindliche »Visconti Tarot« entstand dann in der Mitte des 15. Jahrhunderts. Das »Marseiller Tarot« fand etwa ab dem Jahr 1500 in ganz Europa, vornehmlich aber in Frankreich, seine Verbreitung. Es widerstand allen Neuerungen der folgenden Jahrhunderte.

Du siehst also, dass die Verbreitung der Tarotkarten in Italien und Frankreich von einem bestimmten Zeitgeist getragen wurde. Historisch gesehen ist das die Zeit der Renaissance (italienisch rinascimento = »Wiedergeburt«), eine Kulturwende, die von Italien in der Mitte des 14. Jahrhunderts ausging und alle Lebens- und Geistesbereiche beeinflusste. Ein neues Lebensgefühl, die Bewusstwerdung der individuellen Persönlichkeit und eine Rückbesinnung auf Werte der Antike spielten eine ebenso große Rolle wie das Streben nach einer objektiven Erfahrung der Natur.

Die Menschen der Renaissance haben in den Tarotkarten sicher vorwiegend ein interessantes Spiel gesehen, das ganz generell das Betreten eines Schicksalsweges durch den Menschen zeigte.

Von Italien und Frankreich aus wurde das Kartenspiel »Tarock« dann in ganz Europa bekannt und in den darauffolgenden Jahrhunderten von vielen Menschen gespielt.

Nach Ansicht von Gelehrten wie Antoine Court de Gébelin (1725, Nîmes – 1784 Paris), einem Theologen und begeisterten Erforscher alter Mythologien, hinterließen die Ägypter ihr Wissen um die Geschicke der Menschheit, das dann durch die Tarotkarten weitergegeben wurde. Für ihn stellte die Zuordnung der Tarotkarten einen möglichen Einweihungsweg dar.

Die Tatsache, dass die Geschichte der Tarotkarten nicht bis ins letzte Detail bekannt ist und es auch die vielfältigsten Erklärungen für den Urspung des Namens »Tarot« gibt, macht es nur umso spannender, sich mit diesen Karten zu beschäftigen.

Mit all dem, was du nun über die Tarotkarten weißt, wird es eine Herausforderung für dich sein, sie als spielerische Möglichkeit zu entdecken, mit der du dich selbst, deine Gedanken und deine Wünsche besser kennen lernen kannst.

Das Kennenlernen der Tarotkarten

Öffne zu Beginn deiner Freundschaft mit den Karten dein Kartenpäckchen und betrachte alle Karten, die darin enthalten sind.

Zuerst findest du die so genannten Großen Arkana (Plural des lateinischen Wortes arkanum = Geheimnis), beginnend mit dem Magier, der die Nummer I trägt. Die Großen Arkana umfassen insgesamt 22 Karten. Die 22. Karte ist Der Narr und trägt die Nummer 0.

Am besten legst du alle Karten nebeneinander in eine Reihe und bemühst dich darum, sie dir als die großen Trümpfe einzuprägen.

Die restlichen 56 Karten, die so genannten Kleinen Arkana, unterteilen sich in vier Gruppen.

Die erste Gruppe sind die Stäbe. Wie die anderen Gruppen umfasst sie 10 bzw. 14 Karten, nämlich vom As der Stäbe (das As steht immer für 1) bis 10 der Stäbe; außerdem gibt es noch vier so genannte Hofkarten: Page/Bube, Ritter, Königin und König. Insgesamt sind es also 14 Karten pro Gruppe. Lege sie der Reihenfolge nach in einer Reihe auf den Tisch. Die zweite Gruppe folgt mit den Schwertern. Hier findest du von As bis 10 die Bilder der Schwerter, ebenso natürlich Page/Bube, Ritter, Königin und König.

Lege auch diese Kartengruppe auf den Tisch und verfahre ebenso mit den folgenden beiden Gruppen: erst die Reihe der Münzen, dann die der Kelche.

Der Aufbau des Tarot

Die Karten sind nach wenigen Prinzipien geordnet, die du natürlich kennen musst.

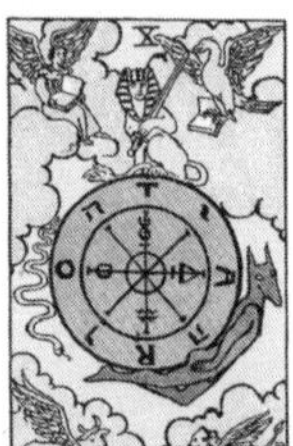

Große Arkana

Hiervon gibt es insgesamt 22, römisch nummeriert von I bis XXI, zusätzlich die Karte 0, DER NARR.

Die Großen oder Hohen Arkana werden auch als Trümpfe bezeichnet. Wie in einem alten Bildwörterbuch erscheinen alle sozialen Instanzen eines früheren Zeitalters: vom Herrscher bis zur Gerichtsbarkeit, von kirchlicher Macht (DER HIERO-

PHANT) bis zu »himmlischen« oder »bösen« Kräften wie GERICHT oder DER TEUFEL.

Karten wie DER GEHÄNGTE oder DER MAGIER zeigen jedoch, dass es sich nicht nur um eine Aufzählung solcher Institutionen handelt.

Der Karte DER GEHÄNGTE wurde als erster eine esoterische Bedeutung zugesprochen. In seiner Körperhaltung, den überkreuzten Beinen, wurde eine Übereinstimmung mit Zeichen alter Geheimgesellschaften gesehen. Mit DER MAGIER, der Karte mit der Nummer I, der in früheren Kartendecks auch als Spieler, als Jongleur auftaucht, beginnt die Reihenfolge.

Kleine Arkana

Sie werden auch als Niedere Arkana bezeichnet. Von ihnen gibt es insgesamt 56 Karten, römisch nummeriert von I bis X, in jeweils vier Sätzen. Zusätzlich gehören hier noch jeweils 4 Hofkarten dazu: Page/Bube, Ritter, Königin und König zu jedem Satz.

Die Kleinen Arkana zeigen im Waite Tarot viele verschiedene Szenen. Fast könnten sie im Foyer eines Kinos im Schaukasten hängen und uns Lust auf einen Film machen, in dem offensichtlich jede Menge Action geboten wird: von der großen Liebe bis zum Abschiedsschmerz, vom verwegenen Eroberer bis zum sanften Helden, vom Leid der Armut und dem Genuss komfortabler Lebensumstände. Im Mittelpunkt steht ein Held oder eine Heldin – du.

Ursprünglich wäre niemand auf die Idee gekommen, die Kleinen Arkana als vielfältigen Szenenwechsel zu betrachten, da diesen Karten in früheren Zeiten nur stilisierte Bebilderungen zugestanden wurden. Nur professionelle Kartendeuter konnten zum Beispiel in den gekreuzten Schwertern und Stäben, geometrisch verteilten Kelchen und Münzen bestimmte Bedeutungen erkennen.

Die vier Sätze oder Farben der Kleinen Arkana drücken jeweils eine bestimmte Qualität aus. Mit Qualität ist eine speziell wirkende Kraft bezeichnet. Man könnte auch sagen, dass alle Karten einer Farbe von einem Prinzip dominiert werden und je nach Stärke oder Rang (siehe Hofkarten) eingeordnet werden sollen.

Im Folgenden wird beschrieben, wie diese Kräfte wirken, worum es hierbei geht.

Stäbe

Sie stehen für das Element Feuer, im heutigen Sprach- und Symbolgebrauch für Energie. Andere passende Begriffe sind beispielsweise auch Kraft oder Lebenslust.

Schwerter

Sie stehen für das Element Luft, im heutigen Sprach- und Symbolgebrauch für Intellekt und Verstand. Überlege, welche anderen Begriffe dir dazu einfallen, vielleicht Unterscheidung und Entscheidung.

In diesem Kartensatz werden übrigens viele extreme Situationen gezeigt, auch uns negativ erscheinende Zustände wie Schmerz, Kummer und Wut. Ein weiteres Wort, das du im Umgang mit diesem Kartensatz respektieren solltest, ist Wahrheit und damit verbunden die Wahrheitsfindung.

Münzen

Sie stehen für das Element Erde, im heutigen Sprach- und Symbolgebrauch für Realität und Realitätssinn, Materielles – mit beiden Beinen fest auf dem Boden stehen.

Kelche

Sie stehen für das Element Wasser, im heutigen Sprach- und Symbolgebrauch für Gefühl. Andere Begriffe sind zum Beispiel Romantik, Empfinden, Sensibilität, Seele und Liebe.

Hofkarten

Hofkarten tauchen in jedem Satz auf und werden deine besondere Aufmerksamkeit wecken.

Sie verweisen auf die Individualität und Könnerschaft im jeweiligen Prinzip. Sie signalisieren zum einen deine eigenen Ambitionen und deuten darüber hinaus auch Begegnungen mit anderen Menschen an. Beim Ziehen von Hofkarten musst du selbst spüren, ob du im Begriff bist, einen »Schachzug« zu tun, oder ob eine andere Person deine Bühne, deinen Raum – sinnbildlich gesehen – betritt.

Es gibt den PAGEN/BUBEN, der den Juniorpart übernimmt und meistens etwas ausprobiert, in Gedanken erprobt oder durchspielt.

Es gibt den RITTER, der über das Anfängertum hinweg gelangt ist. Aus der Planung sind hier bereits die Anfänge der Handlung geworden. Du siehst ihn in Aktion; eine Handlung oder auch eine Begegnung läuft ab.

Es gibt die KÖNIGIN, die große Souveränität verkörpert, und zwar aus vollendeter innerer Gewissheit. Sie betont ein erreichtes Ziel.

Es gibt den KÖNIG, der Verantwortung übernommen hat und eine konkrete Verpflichtung eingegangen ist. Seine Souveränität beinhaltet vollständige Akzeptanz seiner selbst und anderer.

Page der Stäbe

Ritter der Stäbe

Königin der Stäbe

König der Stäbe

Page der Schwerter

Ritter der Schwerter

Königin der Schwerter

König der Schwerter

Page der Münzen

Ritter der Münzen

Königin der Münzen

König der Münzen

Page der Kelche

Ritter der Kelche

Königin der Kelche

König der Kelche

As der Stäbe

II

III

IV

V

VI

VII
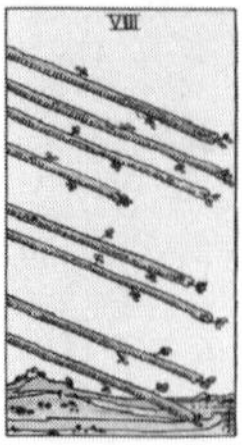
VIII

IX

X

As der Schwerter

II
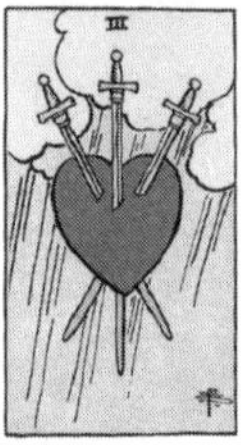
III

IV

V

VI

VII

VIII

IX
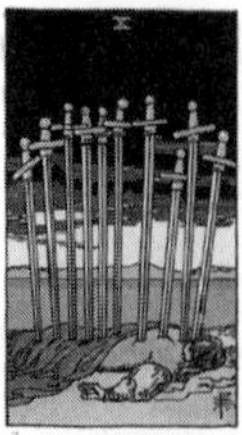
X

AS DER MÜNZEN

II

III

IV

VI

VII

VIII

IX

X
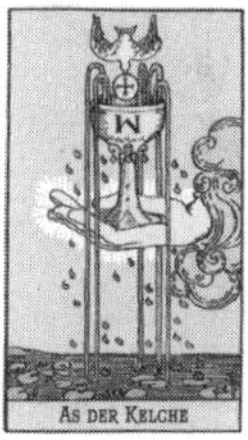
AS DER KELCHE

II

III

IV

V

VI

VII

VIII

IX

X

Zur Benutzung der einzelnen Kartenbesprechungen

Bevor du dich in die Erklärungen der einzelnen Tarotkarten vertiefst, gibt es noch eine Hilfestellung vorab.

Zuerst findest du jeweils eine Tarotkarte abgebildet, zu der es dann vier verschiedene Erklärungsabschnitte gibt.

Der erste beschreibt die Bildsituation und wie man sich darin einfühlt. Sicher fällt dir darüber hinaus auch noch einiges andere auf oder du entdeckst Details, die nicht näher erklärt werden. Lass solche Gedanken ruhig in dir weiter wirken und verwende sie auch, wenn sie dir wichtig erscheinen, für dich selbst.

Der zweite Abschnitt soll dir unter »… lässt dich wissen …« möglichst klare Antworten auf deine Fragen geben. Du siehst, dass es meistens mehrere Gedanken sind, die zueinander in Beziehung stehen können.

Der dritte Abschnitt soll dir helfen zu verstehen, was zwischen einer beliebigen Person und dir abläuft. Es handelt sich vielleicht um eine Person, die dich irritiert, nervt, ärgert oder ängstigt. Diese Erklärung soll dir helfen, ein klareres Bild über die Beweggründe einer anderen Person zu erhalten. Diese Aussage ist etwas weniger konkret beschrieben, vielmehr mit einem imaginären Fragezeichen versehen, damit du auch gleichzeitig etwas über dich selbst herausfinden kannst.

Zu allen Karten gibt es am Schluss eine schnelle Übersicht, nämlich, wenn du es brandeilig hast, etwas herauszufinden.

In diesem Abschnitt findest du drei Symbole: Der Kleine Prinz sagt dir, was zu tun ist, wenn du dich völlig verlassen fühlen solltest. Das Herz zeigt dir, was du beachten sollst, wenn du dich verliebt hast. Und das Haus gibt Hinweise zur Klärung bei Problemen in der Schule, im Job, mit Freunden und dem Elternhaus.

Vorher aber gibt es noch einen Satz der klugen Zauberhexe, den du beherzigen solltest. Hier bist du gefordert, eine Beziehung zu der Person aufzunehmen, die du eines Tages sein könntest oder aber schon immer warst.

Die kluge Zauberhexe ist gewissermaßen der verborgene und immer stärker werdende Teil deiner Persönlichkeit, der nicht kopfscheu wird, der nicht aus der Balance zu bringen ist, der allen Ereignissen des Lebens gelassen gegenüber bleibt.

Eine kluge Zauberhexe ist ziemlich selbstbewusst und ironisch und hat zu allem eine gute Distanz.

Zum Schluss noch ein Tipp:

Solltest du einmal einen Hinweis der klugen Zauberhexe besonders rätselhaft oder ansprechend finden, notiere dir den Satz auf einer Karte und trage sie so lange mit dir herum, bis du ahnst, was er meinen könnte.

O Der Narr

Die Null (*arabische Ziffer, kommt aus dem Indischen und bedeutet »nichts«*) gibt uns innerhalb der strengen römischen Durchnummerierung des Tarot zu denken.

Vielleicht bedeutet dieser »Stilbruch« etwas Besonderes – etwa den Durchbruch von alter Zeit zu neuer Zeit?

Fröhlich, unbekümmert und zuversichtlich schreitet der Narr mit seinem weißen Hund voran. Er schaut in die Zukunft, und obwohl er an einem Abgrund steht, fällt er nicht. Er zeigt, dass wir neue Erfahrungen machen können, ohne in diesem Stadium in der Gefahr zu sein, darin zu scheitern.

Die Gebirgskette im Hintergrund zeigt glitzernde Gletscher. Um in diese hohe reine Welt zu gelangen, hat der Narr viel zurückgelassen. Lediglich ein kleines Bündel trägt er bei sich. Die weiße Rose in seiner Hand und der Hund deuten eine liebevolle Beziehung zur Natur an, allerdings zur kultivierten (domestizierten) Natur.

Der Narr lässt dich wissen,
... dass jeder Mensch die Natur anders versteht.
... dass du in deiner Familie die Ausnahme bist.
... dass ein schneller Wechsel von Träumen für dich gefährlich ist.
... dass deine Realität zur Zeit eher exzentrisch ist.
... dass du das Glück eines Traumtänzers haben kannst, dich aber darauf nicht verlassen solltest.

Solltest du nach einer anderen Person gefragt haben:
Kein Wunder, dass du fasziniert bist oder empört ...

Eine kluge Zauberhexe fühlt sich in dieser Situation sehr beschwingt.

Mache dir keine Sorgen.

Es könnte sein, es könnte nicht sein.

Bleibe so unbekümmert.

I Der Magier

Eine beeindruckende Person steht vor dir, schaut dich an, schaut durch dich hindurch. Unerschrocken ist sein Auge, sein Körper ist gestreckt. Er steht in einem Meer weißer Lilien und roter Rosen, den Symbolen der seelischen Reinheit und göttlichen (spirituellen) Liebe.

Auf dem rechteckigen Tisch vor ihm liegen die vier magischen Werkzeuge: Kelch, Stab, Schwert und Münze.

Der Magier kennt seine Werkzeuge und versteht es, mit diesem Wissen seine Aufgaben zu lösen. Er findet in das Labyrinth des Lebens hinein und auch wieder hinaus. Er erhebt seine rechte Hand mit dem Zauberstab und lässt seine linke nach unten weisen: Er weiß, wo oben und unten ist, er verliert nie die Übersicht. Er ist unerschrocken, weil er weiß, dass er sich gut vorbereitet hat; und begegnet den Herausforderungen des Lebens mit geschärftem Bewusstsein.

Der Magier lässt dich wissen,

... dass du in einer sehr bedeutsamen Situation steckst oder dir eine solche bevorsteht.

... dass für dich ein Gleichgewicht zwischen Traum und Realität wichtig ist.

... dass du zum Handeln aufgefordert bist.

... dass du begabter bist, als du vielleicht dachtest.

... dass du nicht handeln darfst, bevor deine Werkzeuge sortiert sind: Gefühl und Verstand, Energie und notwendiges Material.

Solltest du nach einer anderen Person gefragt haben:
Ein Meister steht vor dir.

Eine kluge Zauberhexe lässt ihren Blick lange ruhen, bevor sie urteilt.

 Kein Grund zum Verzweifeln, die Welt gehört dir.

 Du musst aktiv werden – wenn du willst.

 Du behauptest deinen Platz.

II
Die Hohepriesterin

Hier ist die Welt voller Geheimnisse, die Hohepriesterin verfügt über den gleichen durchdringenden Blick wie der Magier. Allerdings hat sie an einem gut abgeschirmten Ort Platz genommen. Sie ist geduldig und weise genug zu warten. Ihre gelassene Haltung auf dem Thron zeigt, dass Wissen sich aus der Ruhe entwickeln kann. So wie der Mond zu ihren Füßen der zunehmende ist, so weiß sie, dass die Dinge im Wandel sind und sich runden werden. Neben ihr stehen eine schwarze und eine weiße Säule. Sie stehen für Dunkelheit und Licht. Die Buchstaben B und J erinnern an die Säulen im Tempel des Salomo, einem der weisesten Herrscher des Altertums. Das B steht für *Boas* und bedeutet »In ihm ist die Kraft«, und das J steht für *Jachin*, was so viel wie »Er wird gründen« heißt. Die Granatäpfel auf dem Vorhang sind in der Form des Lebensbaumes angeordnet und sind das Symbol für weibliche Schönheit, Fülle und Fruchtbarkeit. Die Hohepriesterin weiß sich offensichtlich im Schutze dieses Vorhangs und hat eine interessante Lektüre gefunden: die Thora, die fünf Bücher Mose.

DIE HOHEPRIESTERIN lässt dich wissen,
... dass ruhiges Abwarten verlangt wird.
... dass die Antworten bereits unterwegs sind.
... dass ein gleichmäßiges Beachten aller Elemente erforderlich ist.
... dass du nicht handeln sollst.
... dass du auf deine Träume achten sollst.

Solltest du nach einer anderen Person gefragt haben: Sie/er ist eine gute Lehrerin bzw. ein guter Lehrer; versuche zu lernen, ihrem/seinem Blick standzuhalten.

Eine kluge Zauberhexe kann zulassen, dass sie beobachtet wird.

Etwas verändert sich in Kürze.

Bleibe jetzt passiv und warte ab.

Keiner kann dich zum Handeln zwingen.

III Die Herrscherin

Auf einem roten Plüschkissen lehnt die Herrscherin mitten in einem Kornfeld. Sie ist sicher eine sehr romantische Frau; schließlich ruht sie auf einem Herzen, wenn auch nur in Gestalt einer steinernen Parkbank. Sie trägt eine Sternenblütenkrone und ein Zepter mit einer Kugel als Zeichen für unseren Planeten. Sie ist also Gebieterin über den Jahreslauf und die Erde.

Alles um sie herum verdeutlicht die von ihr verkörperte Lebenskraft; sie ist das Symbol für die Wachstumsenergien und den fruchtbaren Boden, aus dem alles Neue hervorgeht. Diese Eigenschaften bringt auch das Venuszeichen auf dem steinernen Herzen ganz deutlich zum Ausdruck.

Wieder haben wir eine Person vor uns, die Ruhe bewahrt. Aber etwas in ihrem Blick sagt uns, dass sie zu Taten bereit ist. Man kann sich leicht vorstellen, dass es bei ihr durchaus Blitz und Donner gibt. Andererseits haben wir aber auch eine sehr heitere Person vor uns.

Die Herrscherin lässt dich wissen,

... dass du dich in einer sehr positiven und kreativen Phase befindest.
... dass alles in Hülle und Fülle vorhanden ist.
... dass du deinen Thron hinstellen sollst, wo er hingehört, sei es nun ein Fußballplatz, ein Ballettsaal oder schlicht dein Zimmer.
... dass du dich zudem auf deinen Thron setzen sollst.
... dass es gerade jetzt um deine Zuversicht, deinen Mut und deine Freude geht.

Solltest du nach einer anderen Person gefragt haben: Lass dich beeindrucken, aber nicht blenden.

Eine kluge Zauberhexe kann auch ein Campingstühlchen als Thron benutzen.

Vielleicht solltest du ein paar Bewunderer fallen lassen und dir wirkliche Freunde suchen.

Du hast die Trümpfe in der Hand.

Es gibt einen Platz, der besonders gut zu dir passt.

IV DER HERRSCHER

Bei ihm geht es nicht so gelassen und entspannt zu wie bei der Herrscherin. Sein Thron ist ja auch ziemlich groß und hat kein Kissen. Lange kann er da eigentlich nicht sitzen. Sonst hätte er ja längst etwas Bequemes angezogen und die steife, eiserne Rüstung abgelegt, die unter seinem roten Umhang hervor blitzt. Vielleicht erwartet er noch unangenehme Gäste? Er muss diese offensichtlich beeindrucken. Schließlich hält er alles fest, was ihn als Herrscher kennzeichnet: Zepter und Apfel; er verdeutlicht also die Macht, das Recht und die Ordnung. Kraft und Entschlossenheit sprechen aus seinem Blick und zeigen deutlich seine Entschiedenheit, das bisher Erreichte zu verteidigen. Im Hintergrund liegt eine unbekannte Gebirgskette, die uns schon andeutet, dass der Thron des Herrschers sehr weit oben steht. Das ist ein Zeichen für seine hohe Position. Spaß hat er dabei nicht, das ist zu erkennen. Der Fluss im Hintergrund könnte die Grenze seines Reiches sein. Am Thron sieht man vier Widderköpfe, weitere Symbole des Herrschers. Sie sind ein Zeichen des Aufbruchs, der Kraft und der Stärke. Als Symbol stehen sie für den Kriegsgott Mars und betonen hier das kämpferische Element bei dem Versuch, lange gehegte Pläne in die Realität umzusetzen.

DER HERRSCHER lässt dich wissen,
... dass ein Kampf erst abgeschlossen ist, wenn du bereit bist, deine »Rüstung« auszuziehen.
... dass du unerreichbar wirken kannst.
... dass du Grenzen ziehen musst, wo dein Reich beginnt und endet.
... dass du die Grenzen anderer anerkennen musst.
... dass »Leithammel« sein nicht der angenehmste Job ist.

Solltest du nach einer anderen Person gefragt haben: Lass dich beeindrucken, aber nicht herum kommandieren.

Eine kluge Zauberhexe weiß, dass ein Thron erst dann Spaß macht, wenn sie auch in Jeans darauf sitzen kann.

Vielleicht solltest du herausfinden, ob es wichtig ist, immer der Boss zu sein.

Zur Zeit bist du wirklich lässig.

Setze dich durch.

V Der Hierophant

Hier betreten wir die Hallen der Einweihung der westlichen Kultur. Es gibt Zeremonien und Rituale. Es gibt einen, der weiß, und andere, die offensichtlich Fragen haben.

Der Hierophant (griechisch: »Einer, der die heiligen Dinge erklärt«) wird auch der Hohepriester genannt. Er sitzt auch – wie die Hohepriesterin – zwischen Säulen.

Das überkreuzte Schlüsselpaar zu Füßen des Hohepriesters zeigt, dass er Zugang zu den Bereichen des Bewussten und des Unbewussten hat. Er hält einen Bischofsstab in der linken Hand. Dies deutet an, dass er im Gegensatz zum Herrscher zuerst mit dem Herzen regiert. Die rechte Hand erhebt er zum Schwur. Er ist das Sinnbild für die verborgene Bedeutung der Dinge, den Glauben. Die beiden Personen im Vordergrund scheinen sich der Autorität des Hierophanten zu unterwerfen; sie lauschen seinen Erklärungen der unbewussten Dinge und Glaubenslehren.

DER HIEROPHANT lässt dich wissen,

... dass du dich auf der Suche nach dem Sinn des Lebens in zweierlei Gesellschaft befindest.

... dass Rituale und Zeremonien für dich ein Bedürfnis sein können. (Sei vorsichtig bei der Auswahl.)

... dass du dich mit deinen Fragen zu häufig an Autoritäten wenden könntest.

... dass offene Fragen zu klären sind.

... dass du mehr Freiheit hast, wenn du nicht auf einem Sockel sitzt.

Solltest du nach einer anderen Person gefragt haben: Sei offen, aber nimm nicht alles auf wie ein Schwamm.

Eine kluge Zauberhexe weiß, dass sie keine Fragen an eine Person stellt, die einen Sockel benötigt.

Komm runter von deinem Podest.

Es gibt etwas zu lernen.

Bleibe fair und sei dein eigener Meister.

VI DIE LIEBENDEN

Bei dieser Karte denkt man natürlich sofort an Eva und Adam.

Die Geschichte von Adam und Eva gehört zu den ältesten Love-Stories der Welt. Eigentlich ist sie ein abendländischer Mythos. Die beiden Bäume, Baum der Erkenntnis und Baum des Lebens, symbolisieren die extremen Gegensätze, die in uns angelegt unser Leben bestimmen und durch die Liebe überwunden werden können. Die zwingende Notwendigkeit der Liebe unter den Menschen wird durch die Präsenz des Engels betont.

Die Liebenden stehen für eine liebevolle Begegnung zwischen zwei Menschen, aber auch für eine Herzensentscheidung. Nur, wenn wir eine Entscheidung ganz bewusst treffen und auch zu ihr stehen, können wir glücklich werden. Das gilt natürlich ganz besonders bei der Entscheidung für einen Freund oder eine Freundin.

Die Liebenden lassen dich wissen,

... dass es zu den besonderen Begabungen des Menschen gehört, die Liebe immer wieder als die große zu bezeichnen.

... dass es sein kann, dass dir die Liebe begegnet.

... dass eine Liebesverbindung in deiner näheren Umgebung auf dich einwirkt.

... dass du mit einem anderen Menschen sehr verbunden bist.

... dass die Liebe etwas ist, das dir immer wieder neu begegnen wird.

Solltest du nach einer anderen Person gefragt haben: Da gibt es jemanden, der genauso empfinden könnte wie du selbst.

Eine kluge Zauberhexe weiß, dass ohne die Liebe das Leben ziemlich langweilig wäre.

Das kann nicht stimmen, denn du bist gerade jetzt sehr wichtig.

Tiefe Gefühle bestimmen dich und eine wichtige Begegnung findet statt.

Du musst dich entscheiden.

VII Der Wagen

Im alten Ägypten sollen die Pharaonen mit ihrem magischen Willen den Löwen befohlen haben, die königlichen Karossen zu ziehen. Auf dieser Karte sind es eine schwarze und eine weiße Sphinx, die vor dem Wagen auf die Befehle des Wagenlenkers warten. Platon hat einen solchen Wagen als Sinnbild für die menschliche Seele angesehen.

Wir erinnern uns, dass schon in der Einleitung von Bilderschau die Rede war. Es gehört eben auch Phantasie dazu, sich die Lenkgurte um die verdrießlich dreinsehenden Geschöpfe auszumalen. Und tatsächlich ist es unsere Phantasie, die durch die Lenkgurte repräsentiert wird. Der Wagenlenker ist ein gut aussehender junger Mann mit zwei Monden auf den Schultern und einem quadratischen Amulett auf der Brust, das ihn als irdischen Herrscher kennzeichnet. Vermutlich hat er noch nicht entschieden, wohin die Reise gehen soll: zumindest jedoch raus aus der Stadt.

Der Wagen lässt dich wissen,
... dass Veränderungen bevorstehen.
... dass du vielleicht einen Umzug oder eine Reise machst.
... dass man nicht unbedingt einen Führerschein braucht, um voranzukommen.
... dass Sphinxe sich erst in Bewegung setzen, wenn du die richtigen Antworten hast.
... dass sie aber auch reagieren, wenn du schon mal die richtigen Fragen stellst.

Solltest du nach einer anderen Person gefragt haben: Jemand bewegt sich auf dich zu oder von dir fort.

Eine kluge Zauberhexe weiß, dass allein schon die feste Vorstellung genügt, um Dinge in Bewegung zu setzen.

Du hast ein Ziel.

Da könnte etwas in Bewegung kommen.

Eine Veränderung steht an.

VIII KRAFT

Im Mittelpunkt steht eine Frau mit einem Löwen. Die Kunst, dem Löwen das Maul entweder aufzureißen oder zu schließen, lernt man auf dem verschlungenen Weg zur eigenen Kraft.

Es geht hierbei um Willenskraft, eine Kraft also, die mit einem starken, großen Gedanken gekoppelt wird. Die Energie dieses Gedankens ist so stark wie der Löwe. Manchmal haben wir so etwas wie einen Löwen in uns, und der ist stärker als wir uns fühlen. Wir möchten etwas tun, können es aber nicht – denken wir.

Die weiß gekleidete, zarte Frau auf der Karte zeigt uns, dass wir durch uns selbst Kraft entwickeln und den Löwen in uns bezwingen können, also das ausführen, von dem wir dachten, wir seien zu schwach dafür.

Dieser Karte wird im Tarot eine große Bedeutung beigemessen. Denn traditonellerweise erschien sie mit der römischen Ziffer XI im Zentrum der Hohen Arkana im Tarot.

Die KRAFT lässt dich wissen,

... dass entschlossene Sanftheit die Grundlage von Power ist.

... dass uns Gefühle in schwierigen Situationen behindern können.

... dass ruhige Konzentration der Kraft des Löwen entspricht.

... dass die eigene Kraft zu kennen das Leben viel lebenswerter macht.

... dass Kräftemessen mit anderen niemals gelingt, wenn du deine Kraft nicht an dir gemessen hast.

Solltest du nach einer anderen Person gefragt haben: Auch andere üben sich in der Kunst der Selbstdisziplin.

Eine kluge Zauberhexe weiß, dass es einige Zeit dauern kann, bis diese Kraft entwickelt ist.

Zeige, wer du wirklich bist.

Du findest deine Herausforderung.

Jetzt geht es ums Ganze.

IX Der Eremit

Wir erkennen sofort, dass dieser stille Mensch nicht viel Abwechslung braucht. Er wirkt nicht so, als vermisse er irgendetwas. Er hält seine Laterne hoch und sein Blick ist zu Boden gerichtet. Möglicherweise gibt es unter seinen Füßen Eisschollen, die sich gelockert haben. Vielleicht hat er aber auch nur etwas entdeckt, das ihm unbekannt ist. Es scheint jedoch keine Bereitschaft bei ihm vorhanden zu sein, sich danach zu bücken und dafür seinen Stab oder seine Laterne abzusetzen. In dieser Isolation ist er abgeschirmt vor dem Einfluss durch andere.

Ein Eremit ist ein Einsiedler, ein Mensch, der sich für unbestimmte Zeit zurückgezogen hat. Er will zur Ruhe kommen, sich selbst erleben und zu neuer Erkenntnis gelangen. In allen Kulturen kennt man Eremiten. Sie ziehen sich in die einsame Natur zurück und werden häufig als weise Männer verehrt. Genauso häufig werden sie jedoch auch verspottet, weil sich die Menschen nicht vorstellen können, dass man in der Einsamkeit vielleicht mehr über sich erfahren kann als innerhalb einer Gruppe.

Der Eremit lässt dich wissen,
... dass du eine Zeit der Einsamkeit selbst wählen kannst.
... dass im Alleinsein eine Kraft verborgen liegt.
... dass das Licht, das für Helligkeit sorgt, in deiner Nähe wartet.
... dass es notwendig ist, dich aus zu viel Aktivitäten zurückzuziehen.
... dass du dich auf dem Weg zu deiner eigenen Kraft befindest.

Solltest du nach einer anderen Person gefragt haben: Es könnte jemand sein, der ebenso viel Ruhe braucht wie du.

Eine kluge Zauberhexe weiß, dass es die richtige Distanz ist, die genaues Betrachten ermöglicht.

Du bist nicht verlassen, sondern nur auf Distanz.

Mit etwas mehr Abstand siehst du mehr.

Lass dich nicht unterkriegen: Du brauchst mehr Abstand.

X Rad des Schicksals

Die Geschöpfe in den vier Ecken dieser Karte lieben Bücher. Sie lesen sie, sie sitzen darauf, schreiben sie: Engel, Adler, Stier und Löwe. In der Astrologie sind dies die Symbolfiguren für die vier Elemente Luft (Schwerter), Wasser (Kelche), Erde (Münzen) und Feuer (Stäbe). Ein schwebender Mensch mit einem Schakalkopf trägt eine große Scheibe auf seinem Rücken, die aussieht wie eine Sonnenuhr. Diese Scheibe stellt das Rad des Schicksals dar. Darauf sitzt eine blaue Sphinx mit einem Schwert. Sie sitzt auf dem T des Wortes Tarot, das rings um das Rad steht. Wir sehen astrologische Zeichen und hebräische Buchstaben. Die Menschen waren ja schon immer bemüht, ihre entdeckten Geheimnisse für sich zu behalten und schmückten sie deshalb mit vielen speziellen Bezeichnungen und Symbolen.

Auf dieser Karte scheint alles der Wirklichkeit enthoben; eine Welt der Fabelwesen, die Menschen sich erdachten, um ihrem Erleben des Alltags eine neue Bedeutung zu geben. Vielleicht auch, um gegenüber ihren Ängsten machtvolle Feinde und für sich selbst gütige Beschützer zu erschaffen.

Das RAD DES SCHICKSALS lässt dich wissen,
... dass jetzt ein guter Zeitpunkt für eine Veränderung ist.
... dass eine Herausforderung auf dich wartet.
... dass du viel Glück haben kannst.
... dass du deine Ziele kennen solltest.
... dass du deine Chancen nutzen solltest.

Solltest du nach einer anderen Person gefragt haben: Er/sie könnte sich entscheidend einmischen.

Eine kluge Zauberhexe weiß, dass man den richtigen Zeitpunkt abwarten muss.

Veränderungen lassen dein Herz schneller schlagen.

Gute Chancen für neue Lebensgefühle.

Lass dich auf Neues ein.

XI GERECHTIGKEIT

Wie finden wir hinein in die Welt jener strengen Frau, die zu entscheiden hat? Was ist Gerechtigkeit? Jeder von uns sagt schon mal: »Wie ungerecht!« Uns fällt die aufrechte Haltung dieser Frau auf, ihr unbeirrter Blick, die ausgewogene Haltung ihrer Arme: Mit der rechten Hand erhebt sie ein mächtiges Schwert, ihre Linke hält eine Waage. Es wird gesagt, dass die linke Körperhälfte Impulsen aus der rechten Gehirnhälfte folgt, die mit weiblichen Denkstrukturen gleichgesetzt wird, während die rechte Körperhälfte Impulsen aus der linken Gehirnhälfte folgt, die mit männlichen Denkstrukturen assoziiert wird. So könnte es sein, dass sich die Waagschalen zur Rechten oder Linken neigen, so viele Eindrücke entstehen, das Schwert aber die daraus folgenden Entscheidungen sichtbar macht.

Die Schwerter stehen im Tarot für den Verstand und häufig für Entscheidungen oder Einschnitte. Hier ist alles zunächst sehr ruhig. Im Hintergrund verhüllt ein violetter Vorhang die strahlende Welt der Sonne. Er gibt der Gerechtigkeit die notwendige Abgeschirmtheit.

Die GERECHTIGKEIT lässt dich wissen,

... dass du erst Entscheidungen treffen sollst, wenn du ruhig bist.

... dass zur Beurteilung einer Situation sowohl Verstand als auch Empfindungsfähigkeit gehören.

... dass zur Gerechtigkeit weder Vorschriften noch Gesetzbücher nötig wären.

... dass Gerechtigkeit in einer aufgeregten Situation unmöglich ist.

... dass Gerechtigkeit in unserer Zeit selten ist und von uns immer wieder neu geübt werden muss.

Solltest du nach einer anderen Person gefragt haben: Unternimm nichts, um deren Ruhe zu stören.

Eine kluge Zauberhexe weiß, dass die Urteile, die über sie gefällt werden, nicht so schwerwiegend sind wie die, die sie über sich selbst fällt.

Versuche, sowohl deinen Gefühlen wie auch deinem Verstand zu trauen.

Grübeln allein hilft nicht weiter.

Bleibe ganz in deiner Mitte.

XII Der Gehängte

Um diese Karte zu verstehen, solltest du sie erst einmal umdrehen, sodass der Schriftzug nach oben liegt. Betrachten wir diesen schönen Jüngling, so lehnt er an einem Gerüst aus Baumstämmen, sein Haar scheint mit reichlich Gel nach oben getrimmt, der Lichtschein um sein Haupt könnte gut von einem Scheinwerfer stammen. Er könnte gleich die Arme von seinem Rücken nehmen und mit einem graziösen Sprung vor sein Publikum treten. Jetzt solltest du die Karte wieder richtig herum drehen.

Die Schlaufe um seinen rechten Fuß gibt dem Jüngling den Halt, macht es ihm aber auch unmöglich, seine Position zu ändern. Möglicherweise hält er sich auch mit seinen Händen, die auf seinem Rücken liegen, an dem Längsbalken fest. In dieser Situation muss er weder Fragen stellen noch Antworten geben. Seine Gedanken können sich auflösen in vielen Bildern, er kann sich selbst spüren als jemand, der träumt, sich selbst träumt und neu erfindet.

DER GEHÄNGTE lässt dich wissen,
... dass alle Möglichkeiten, dich neu zu erfahren, in dir selbst sind.
... dass eine Phase der perfekten Entspannung Voraussetzung ist, wenn du die Welt der Träumer betrittst.
... dass Techniken wie Yoga dir solche Entspannung bringen können.
... dass der Aufenthalt in der Welt der Träumer immer befristet ist.
... dass mit Welt der Träumer ein schöpferischer Vorgang der Wandlung gemeint ist.

Solltest du nach einer anderen Person gefragt haben: In deren Kopf entstehen zur Zeit viele neue Bilder.

Eine kluge Zauberhexe weiß, dass wir, um uns selbst zu finden, nicht unbedingt unsere Füße in Schlaufen stecken müssen und auch keine Balken brauchen. Man braucht jedoch einen festen Halt.

Halte aus, bis sich die Bilder in dir verändern.

Zur Zeit hast du nicht genug Schwung.

Verändere deinen Blickwinkel, eventuell auch deinen Standpunkt.

XIII Tod

Diese Karte zeigt eine altüberlieferte Darstellung vom Tod als apokalyptischen Reiter. Unter Tod verstehen wir das Ende: das Ende des Lebens und des Erlebens. Mit dem Gedanken an den Tod ist Angst verbunden. Der Tod ist nicht vorstellbar. Er ist ungewiss und dennoch sicher.

Mit Ungewissem und Sicherem sind wir ständig konfrontiert. Wie hast du dich vor der neuen Situation gefürchtet? Wie ungewiss für einige Tage alles erschien und wie sicher du dennoch wusstest, dass du einen neuen Platz finden würdest. Das Ende von etwas bedeutet immer auch den Beginn von etwas Neuem. Selbst eine Sechs im Zeugnis hat nicht die Kraft, dich zu töten, sondern beendet höchstens einen kräfteraubenden Kampf und gibt dir auch die Chance, noch einmal neu anzufangen. Dass diese Karte fällt, wenn es tatsächlich einen Todesfalls in deinem näheren Umfeld gegeben hat, liegt nahe. Sie bedeutet jedoch nicht, dass der Tod in der Nähe wartet.

Die weiße Rose im Banner des Todes ist Symbol für Klärung und Reinheit. Die unterschiedlichen Haltungen der abgebildeten Personen zeigen, wie alle mit klärenden Prozessen umgehen.

Der Tod lässt dich wissen,
... dass Beginn und Ende zusammengehören.
... dass Ungewissheit auszuhalten stärker macht.
... dass Ungewissheit und Sicherheit zusammengehören.
... dass du etwas beenden möchtest, um etwas Neues zu beginnen.
... dass du ein Ende fürchtest, obwohl ein neuer Anfang wartet.

Solltest du nach einer anderen Person gefragt haben: Sei bereit zu beenden, um neu zu beginnen,

Eine kluge Zauberhexe weiß, dass wir Ängste benützen können, um vorwärts zu kommen.

Du erlebst eine große Veränderung.

Vielleicht geht etwas zu Ende, damit sich etwas Neues ereignen kann.

Du weißt, dass jetzt Veränderungen sein müsssen.

XIV Mässigkeit

Während du diese lichtvolle Engelsgestalt betrachtest, die hochgewachsen und mit goldenen Kelchen dargestellt ist, kannst du dir nur schwer vorstellen, was sie mit dir zu tun hat. Romantische Teiche mit gelben Lilien befinden sich allenfalls im Schlosspark. Ferne Hügel mit aufgehender Sonne und einem langen Weg zum Horizont gibt es meistens auch nicht in unserer Nähe.

So ist das Bild eher symbolisch als Standort zwischen Wasser und Erde zu betrachten. Mit einem Fuß steht die Mäßigkeit im Wasser, der andere berührt das Ufer. Man könnte sich vorstellen, dass der Engel diesen weiten Weg gegangen ist, um hier an diesem kleinen Weiher etwas auszuprobieren. Vielleicht will er wissen, ob der Inhalt des einen Kelches in den anderen passt. Oder er will den Inhalt beider miteinander mischen.

Mäßigkeit wird hier erreicht, wenn man das rechte Maß findet, zum Beispiel zwischen Gefühl und Verstand, oder auch zwischen eigenen und fremden Ansprüchen, Illusion und Realität. Und möglicherweise soll daran erinnert werden, daß Mäßigkeit mit Überprüfung und Abmessung zu tun hat.

Die MÄSSIGKEIT lässt dich wissen,

... dass du das Überprüfen deiner Person nicht anderen überlässt.
... dass du herausfinden sollst, was sich in deinem Kelch befindet.
... dass du bereit bist, dich angemessen zu verhalten.
... dass dein gewählter Standort für die Qualität deines inneren Gleichgewichts wichtig ist.
... dass dein linker Fuß durchaus Erde und dein rechter Wasser spüren kann.

Solltest du nach einer anderen Person gefragt haben:
Lass dich nicht ablenken.

Eine kluge Zauberhexe weiß, dass es mischbare und nicht mischbare Elemente gibt.

Du hast jetzt die Chance, dein Gleichgewicht zu finden.

Engagiere dich nicht zu sehr.

Du musst genau abwägen, um was es hier geht.

XV Der Teufel

Eine Frau und ein Mann befinden sich in einer unangenehmen Lage. Beide sind mit einem gusseisernen Ring an einen unverrückbaren Block, der stures materielles Denken symbolisiert, angekettet. Die Ketten um ihre Hälse sind jedoch so locker, dass sie sich jederzeit daraus befreien könnten. Die beiden interessieren sich nicht füreinander; sie sehen sich nicht an; jeder bleibt für sich allein und hängt seinen Gedanken nach.

Der Teufel, der auf dem Block hockt, ist mit Fledermausflügeln dargestellt. Er verkörpert unsere dunkle Seite, also all die Dinge, die wir nicht an uns wahrhaben wollen. Die Hörnchen, die den beiden Menschen aus der Stirn wachsen, stehen für die Annahme, zu viele Ketten zu tragen. Und ein Schwanz aus Trauben symbolisiert übertriebene Genuss-Sucht, während der Feuerschweif ganz offensichtlich davor warnt, dem Teufel zu nahe zu kommen. Hier wird uns gezeigt, wie Abhängigkeiten unsere Freiheit einschränken.

Der Teufel lässt dich wissen,

... dass Ketten dazu da sind, abgestreift zu werden.

... dass wir einander ansehen müssen, wenn wir miteinander reden wollen.

... dass du dazu neigst, dich auszuliefern.

... dass du dich in dunklen Zeiten abhängiger fühlen kannst, als du bist.

... dass du aufgerufen bist, deine Freiheit auf ihre Realität hin zu überprüfen.

Solltest du nach einer anderen Person gefragt haben: Ihre/seine Ketten sind ein Abbild deiner eigenen Ketten.

Eine kluge Zauberhexe weiß, dass wir alle gelegentlich Ketten tragen.

Du bist in eine Abhängigkeit verstrickt. Befreie dich.

Sage dir: Ich bin frei und ich bin es gerne.

Lass dich nicht blenden.

XVI DER TURM

Die beiden auf der Karte haben versäumt, einen Blitzableiter anzuschaffen, als noch Zeit war. Ein hoher Turm auf hoher Felsenspitze, was soll das bedeuten? Oben zu sein, einen Ausblick zu genießen, den sonst keiner hat. Unübertrefflich zu sein. Es leuchtet ein, dass dies einen Versuch wert war. Viele Flämmchen begleiten ihren Absturz. Ein Sinnbild für viel Energie, die sie auch nicht verlässt, aber in der Panik auch noch nicht erkannt wird.

Beide wirken eher säuerlich als ängstlich. Vielleicht ist es ja auch ein Absturz, den beide erwartet haben. Ein Gewitter kündigt sich schließlich an. Alles erinnert an die höhere Gewalt. Da wir den Aufprall nicht vorgesetzt bekommen auf dieser Karte, dürfen wir vermuten, dass es um den Absturz als solchen geht.

Und weiterhin gehen wir davon aus, dass es danach weitergeht mit den zwei Turmbewohnern. Nur nicht mehr im Turm.

Der Turm lässt dich wissen,

... dass dein Selbstbewusstsein zur Zeit in einer großen Krise steckt.
... dass etwas passiert, womit du nicht gerechnet hast.
... dass bewusstes Abstürzen dich vor dem Aufprall schützt.
... dass wir in Gefahrensituationen die Augen weit geöffnet haben müssen.
... dass du deine Energien mobil halten musst.

Solltest du nach einer anderen Person gefragt haben: Pass auf.

Eine kluge Zauberhexe weiß, dass die besten Bücher, die besten Lieder nicht geschrieben worden wären, hätte es nicht überlebte Abstürze gegeben.

Lass los, was immer es auch ist.

Es könnte zur Zeit ziemlich ernüchternd werden.

Lass dich nicht überrollen.

XVII DER STERN

Innerhalb der Großen Arkana stellen wir fest, dass bestimmte Themen in Variationen wiederkehren. Diese Karte erinnert sehr an die Karte »Mäßigkeit«. Eine weibliche Gestalt steht mit einem Fuß im Wasser, mit dem anderen Bein kniet sie am Ufer. In jeder Hand hält sie einen irdenen Krug, aus dem sie Wasser ausgießt. Sie gießt Wasser dahin, wo Wasser ist. Sie gießt Wasser dahin, wo Wasser gebraucht wird. Das Tun ihrer rechten Hand beobachtet sie sehr bewusst, während ihre linke Hand gleichzeitig ohne Kontrolle arbeitet. Bewusstes und Unbewusstes sind hier gleichgeschaltet. Ihre Rechte weiß, was die Linke tut. Die Karte zeigt das Einssein mit der Natur, während der Verstand zum Handeln auffordert. Sie zeigt, dass hier Selbstbewusstsein gewachsen ist, dass diese Person weiß, dass sie sich auf sich selbst verlasssen kann. Zugleich wird hier das spielerische Tun dargestellt, das ähnlich wie das Spielen mit Wasser und Sand am Strand unsere kreativen Kräfte weckt und uns mit großer Zufriedenheit die Gegenwart erleben lässt.

DER STERN lässt dich wissen,

... dass du ein phantastisches Gleichmaß erreicht hast und ausruhen darfst.

... dass du dir die Gesetzmäßigkeiten der Gegenwart gut einprägen sollst, denn du kannst zu diesem guten Zustand zurückkehren.

... dass dich zur Zeit keiner erreichen muss.

... dass dich das lernende Spiel fasziniert.

... dass du nie eine besssere Zeit für das Lernen hattest als jetzt.

Solltest du nach einer anderen Person gefragt haben: Ihr/Ihm geht es blendend.

Eine kluge Zauberhexe weiß, dass spielerisches Arbeiten zur Neufindung von Zielen unerläßlich ist.

Gut, dass du ausruhen kannst.

Du bist entspannt und hast deshalb Glück.

Nutze diese günstige Zeit.

XVIII DER MOND

Während die Sonne unser Denken begleitet, das auf Aktivitäten ausgerichtet ist, fordert der Mond unsere Fähigkeit zu fühlen, zu träumen und herauszufinden, wonach wir uns sehnen.

Auf der Karte sehen wir eine karge Landschaft, ferne Berge, ferne Türme, letztlich ein fernes Ziel. Ein Hund, ein Wolf und ein Krebs schauen gebannt in den Mond.

Die Türme deuten einen Durchgang zu unbekannten Zielen an. Der Mond lässt unwirklich erscheinen, was wirklich ist, und wirklich, was unwirklich ist. Zwischen Wirklichkeit und Unwirklichkeit findet das Leben statt: das Erleben des Alltags, das Erleben nächtlicher Träume. Die Lichtflecken, die den Mond umgeben, deuten an, dass etwas von ihm zurückbleibt, auch wenn die Sonne längst wieder aufgegangen ist. Der Krebs im Wasser symbolisiert die Urinstinkte des Lebens. Der Wolf erinnert uns an Instinkte, die in jedem lebendig sind, während der Hund angepasst ist, Freundschaft und Lernfähigkeit entwickelt hat. Auch der Mensch muss ständig neu beweisen, dass er kein Urzeitwesen ist, sondern sein Menschsein verdient hat.

Der Mond lässt dich wissen,
... dass dir zur Zeit etwas sehr seltsam erscheint oder dich ängstigt.
... dass du von einer Unruhe ergriffen bist, die ferne Ziele betrifft.
... dass deine Wahrnehmung nicht durch Greifbares erklärt wird.
... dass dies keine Zeit für reale Pläne ist.
... dass du die Chance hast, etwas zu lernen, das du erst später ganz begreifst.

Solltest du nach einer anderen Person gefragt haben: Die Unwirklichkeit dieser Person ist nicht deine Wirklichkeit.

Eine kluge Zauberhexe kann bei Mondschein in ihr eigenes Herz sehen.

Versuche, so realistisch wie möglich zu sein.

Lass dich nicht verwirren.

Sei dein eigener bester Freund.

XIX Die Sonne

Sonne und Sonnenblumen, ein üppiges Bild des späten Sommers. Hier drehen die Sonnenblumen nicht ihre Köpfe der Sonne entgegen, sondern fühlen sich von dem kleinen Kind angezogen, das nackt auf einem Schimmel reitet, mit roter Feder geschmückt und mit genügend Kraft, um eine mächtige rote Siegesfahne zu schwenken. Was gibt dem Kind eine so starke Ausstrahlung, dass es der Sonne ebenbürtig ist? Es befindet sich jenseits der Mauer, ist also frei. Aufgrund seines Ungebundenseins ist es ausgelassen und fröhlich.

Die Sonne schenkt uns Licht, Wärme, den Tag, den Sommer, Kraft. All dies hat das Kind in sich selbst gefunden. Deshalb schwenkt es eine Riesenfahne, um alle darauf aufmerksam zu machen, dass es »kinderleicht« ist, sich innerlich frei zu fühlen. Durch seine ausgebreiteten Arme drückt das Kind seine Offenheit für alles und jeden, seine positive Einstellung und viel Lebensfreude aus.

Die Sonne lässt dich wissen,

... dass Kind sein eine Kunst ist, die Erwachsene erst wieder lernen müssen.

... dass eine offene Haltung allem Neuen gegenüber Wunder bewirkt.

... dass auch ohne rote Fahne klar ist, wer Sieger ist.

... dass du eine wunderbare, problemlose Zeit erleben kannst.

... dass deine Freiheit nicht äußerlich zu suchen ist, sondern innerlich.

Solltest du nach einer anderen Person gefragt haben: Gut, dass es sie gibt.

Eine kluge Zauberhexe schwenkt schon mal ein rotes Fähnchen, aber nur ein unsichtbares.

Habe Vertrauen, alles läuft bestens.

Genieße die sonnigen Augenblicke.

Kein Grund zur Besorgnis.

XX Gericht

Die Vorstellung der mittelalterlichen westlichen Welt gipfelt in der Prophezeiung des Jüngsten Gerichts. Der Tag, an dem die Toten auferstehen und gemeinsam mit den Lebenden gerichtet werden. Diese überlieferten Endzeitvorstellungen haben die Menschen schon immer stark beeinflusst. Dennoch gibt diese Abbildung keinen Anlass zur Beunruhigung. Die gelöste und entspannte Haltung der Menschen zeigt, dass sie einverstanden sind mit dem himmlischen Eingreifen. Die weit gestreckten Arme der rechts abgebildeten Frau zeigen, dass sie in engem Kontakt zu dem himmlischen Erwecker steht. Das wiederauferstandene Kind im Vordergrund scheint sich ganz auf das Kind gegenüber zu konzentrieren. Der Mann bestaunt noch den Engel, traut vielleicht doch auch seinen Augen noch nicht. Jeder aber spürt, dass er nicht allein in seiner Wahrnehmung ist. Hier gibt es eine Macht, die stärker ist als alles andere. Eine Macht, die Menschen sogar aus dunklen Gräbern befreit – und seien die steinernen Platten darüber noch so schwer.

Das GERICHT lässt dich wissen,
... dass der »Jüngste Tag« nicht unbedingt Endzeitstimmungen erzeugen sollte.
... dass es verschiedene Formen von Bewusstsein gibt.
... dass der Einzelne erwacht und mit ihm eng verbundene Menschen.
... dass zum Wachsein Freude gehört.
... dass du überdenken solltest, wer deine jetzige Erfahrung teilt.

Solltest du nach einer anderen Person gefragt haben: Vielleicht braucht er oder sie deine Hilfe.

Eine kluge Zauberhexe hat schon mehrere »Jüngste Tage« gesehen.

Bald sieht alles wieder ganz anders aus.

Du siehst jemanden mit anderen Augen.

Viele gute Gelegenheiten für aufrichtiges Miteinander.

XXI DIE WELT

Ein Lorbeerkranz, seit dem Altertum schon immer ein Zeichen glücklicher Sieger, bietet einen würdigen Rahmen für die Frau, die sich tänzerisch durch das Universum bewegt, scheinbar ohne Ziel. In beiden Händen hält sie je einen weißen Stab. Dieser optimistischen Person gehört die Welt. Dass für diese Abbildung eine Frau gewählt wurde, hat seinen Grund: Es geht hier um die weibliche Seite im Menschen, die sich »spielerisch« durchgesetzt hat.

Angedeutet wird damit eine besondere Begabung des Menschen, seine kreative Intelligenz, die sich von feiner Wahrnehmung leiten lässt und keinerlei Unsicherheiten ausgesetzt ist. Ein Mensch bewegt sich im Gesetz der Harmonie des Universums. »Die Welt« zeigt uns, was bewusste Gegenwart bedeutet, im Vertrauen auf die eigene innere Stimme zu leben.

Mit dieser Karte sind wir am Ende der Großen Arkana angekommen, haben damit im übertragenen Sinn auch bereits eine Vollendung erfahren. Aber ob Ziel oder Zwischenstation – bald wird es wieder von vorne losgehen.

Die Welt lässt dich wissen,
... dass deine Wahrnehmungen richtig sind.
... dass du dich geschützt fühlen kannst.
... dass du eine sehr glückliche Zeit erlebst.
... dass du deine Position gut gewählt hast.
... dass dir ein Durchbruch gelingt.

Solltest du nach einer anderen Person gefragt haben: Es ist die richtige Person zur richtigen Zeit am richtigen Ort.

Eine kluge Zauberhexe kann sich das Leben nicht mehr ohne die hier gemachten Erfahrungen vorstellen.

Du bist dran.

Alles am richtigen Platz zur richtigen Zeit.

So sollte es immer laufen.

As der Stäbe

Von den vier As-Karten im Tarot sind zwei aktiv und zwei passiv ausgerichtet. Das As der Stäbe gehört zu den aktiv betonten Karten. Die aus der Wolke auftauchende Hand steht für das zielorientierte Prinzip. Die grünen Blättchen, die aus dem dicken Knüppelholz wachsen, lassen ein frisch geschlagenes Holz vermuten. Die grünende Frühlingslandschaft, der sanfte Verlauf des Flusses zeigen möglicherweise Menschenarbeit und Kultivierung der Landschaft. Ganz sicher aber zeugt die hoch gebaute Burg von eines Menschen Absicht, sich hier niederzulassen für viele Generationen und den Überblick zu wahren. Die Strahlen, die auch auf dieser As-Karte die geheimnisvolle Wolkenhand begleiten, deuten ein spannungsreiches Kraftfeld an, das Energie und Entschlossenheit bewirkt. Die Stäbe stehen für das Element Feuer, damit also auch für eine Stärkung unseres Willens und unserer Überzeugungen.

Das As der Stäbe lässt dich wissen,
... dass viel Energie für ein konkretes Ziel nötig ist.
... dass du dir ruhig einmal etwas Langfristiges vornehmen kannst.
... dass dir gelingen wird, was du dir vornimmst.
... dass die Energie, die dir hier als Geschenk überreicht wird, für dein eigenes inneres Wachstum bestimmt ist.
... dass du mit dieser Energie erst vertraut werden musst.

Solltest du nach einer anderen Person gefragt haben: Beachte gut, wie diese mit ihrer Energie umgeht.

Eine kluge Zauberhexe weiß, dass vorschnell benutzte Energie verlorene Energie ist.

Keine Zeit zum Grübeln, pack es an.

Deine ganze Power ist gefragt.

Eine gute Zeit, dich durchzusetzen.

II der Stäbe

Ist dies der Besitzer der Burg, die wir auf der Karte As der Stäbe gesehen haben? Egal, ohne Zweifel hat er auch Aussicht auf das Meer oder einen großen Binnensee. Es muss jedenfalls ein sehr weites Wasser sein, denn zur Orientierung hat er sich auf die Burgzinnen einen handlichen Globus mitgenommen.

Eines seiner Energiesymbole, ein Stab, ist mittels einer Metallschlaufe fest an der Wand montiert. Der zweite Stab scheint ihm als Messlatte zu dienen, ist frei beweglich und doch stützend.

Er scheint zu überlegen, welche Vergleiche sein Globus, seine Weltvorstellung braucht, um von ihm als gültig anerkannt zu werden. Möglicherweise will er gut vorbereitet weitere Dimensionen des Lebens, der Welt kennen lernen. Noch aber ist er unentschieden, wohin ihn der Weg führen soll: hinaus in das Leben vor der Mauer oder hinein in die Verschlossenheit der Burg.

Der fest montierte Stab deutet an, dass er sein festes Domizil in der sicheren Burg sieht und nicht außerhalb. Der

Globus zeigt, dass ihm Greifbares und Begreifbares immer wichtig sind.

Die Zwei der Stäbe lässt dich wissen,
... dass neue Erkundungen dich interessieren.
... dass du damit beginnst, Vergleiche anzustellen.
... dass du von dem ausgehen solltest, was ohnehin offensichtlich ist.
... dass du für das Neue, das du kennen lernen möchtest, bereits die Grundlagen gelegt hast.
... dass du außergewöhnlich gut mit deinen Energien umgehst.

Solltest du nach einer anderen Person gefragt haben: Vielleicht kannst du dir den Globus einmal ausleihen, um zu sehen, ob er was taugt.

Eine kluge Zauberhexe weiß, dass letztlich jeder einen anderen Globus benutzt.

Lass dir Zeit und du findest, was du suchst.

Sei nicht ungeduldig.

Es könnte gut sein, dass du dir über deine eigenen Absichten klar werden musst.

III der Stäbe

Eine friedliche Stimmung umgibt den dunkelhaarigen Mann, der, auf einen der drei im Boden verankerten Stäbe gestützt, von einer Anhöhe aus drei Schiffe betrachtet, die – kurz vor Sonnenuntergang – im goldenen Glanz des breiten Flusses kaum zu sehen sind.

Beschäftigt ihn ein tiefes Gefühl des Wohlbefindens, des Ausruhens nach viel Arbeit oder großen Bemühungen? Die Energien, die durch die drei Stäbe symbolisiert werden, scheinen für ihn in einem ausgewogenen Verhältnis zu stehen. Ob er den Horizont beobachtet oder die Schiffe oder alles zusammen, lässt sich hier nicht feststellen. Vielleicht spürt er, dass vieles in Bewegung gesetzt ist und er jetzt, nach einem mühevollen Aufstieg, einen Blick auf den fernen Horizont werfen kann. Eine kurze Zeit des Ausruhens ist gekommen. Es kann aber auch sein, dass er auf die Ankunft von Besuchern wartet, die sich angekündigt haben oder deren Eintreffen er sich wünscht. Aber vielleicht würde er auch gern eine Reise auf einem dieser Schiffe unternehmen und fragt sich nach dem Sinn oder Ziel so einer Reise.

Die DREI DER STÄBE lässt dich wissen,

... dass du spürst, dass sich etwas Neues in dir durchsetzen möchte.

... dass sich eine Tür öffnet zu einem besseren Verständnis für dich selbst.

... dass du etwas oder dich selbst auf eine Reise schicken willst.

... dass du bereit bist, neue Menschen in deinem Leben willkommen zu heißen.

... dass du es dir leisten kannst, beweglich zu sein.

Solltest du nach einer anderen Person gefragt haben: Die neuen Vorhaben dieser Person könnten dich überraschen.

Eine kluge Zauberhexe weiß, dass die Türen, die offen stehen, auf den ersten Blick ganz alltäglich aussehen.

Ganz neue Zeiten stehen für dich an.

Alles ist etwas ungewiss, aber aufregend.

Nicht schlecht, wenn man einmal etwas aus der Entfernung betrachtet.

IV der Stäbe

Ein leuchtender, ein besonderer Tag. Im Schutz der trutzigen Burg zieht es fröhliche Menschen hinaus in die Sonne, um gemeinsam zu feiern. Üppige Girlanden verbinden die hohen Stäbe im Vordergrund zu einem weiten Portal. Zwei Feiernde haben sich gefunden und zeigen ihre Glücksgefühle mit erhobenen Blumensträußen.

Diese Karte vermittelt das Wagnis der Freiheit zusammen mit einem guten Freund oder einer guten Freundin. Beide können durch die Blumenpforte gehen und sich bewusst sein, dass die besondere Atmosphäre des Tages es begünstigt, sich gegenseitig zu akzeptieren und sich gemeinsam darüber zu freuen. Darüber hinaus stehen noch viele andere offene Menschen im Hintergrund bereit, um diese Erfahrungen zu teilen.

Die VIER DER STÄBE lässt dich wissen,
... dass sich gute Freundschaften für dich anbahnen.
... dass du neue Vorstellungen über Freiheit gewinnst.
... dass du derzeit vor guten Energien nur so übersprudelst.
... dass du dich von deiner Gruppe oder Familie trennen kannst, ohne dich von ihnen zu lösen.
... dass du die Höhepunkte des Lebens zu feiern weißt.

Solltest du nach einer anderen Person gefragt haben: Ihr befindet euch auf der gleichen Erkenntnisebene.

Eine kluge Zauberhexe lässt sich solche Gelegenheiten, Energien aufzutanken, nicht entgehen.

Verlasse deinen einsamen Winkel.

Mische dich unter Menschen – du wirst es genießen.

Erkenne deine guten Chancen und nutze sie.

V der Stäbe

Hier treffen fünf Menschen aufeinander, um in einem Wettkampf ihre Kräfte zu messen. Das Bild erinnert ein bisschen an »Robin Hood«. Er war ein Geächteter, einer, der sich über die Gesetze erhob, um seine eigenen geltend zu machen. Durch seine Bravourstückchen begeisterte er die einfachen Menschen, die unter der Unterdrückung ihrer Eroberer und Herrscher litten. Er brachte ihnen das Empfinden der inneren Überlegenheit zurück.

Den Versuch, innere Überlegenheit wieder herzustellen, indem man eine Kampfsituation provoziert, kann man täglich beobachten oder in den Nachrichten sehen. Dennoch beginnen diese Konflikte zuerst im Inneren des Menschen, sowohl des einzelnen als auch der Gruppe. Verletzte Gefühle lassen feurige Stabenergien aufwallen und überkochen. Im täglichen Leben kannst du die Fünf der Stäbe erkennen: Nicht immer stürzen wir uns in einen äußeren Kampf. Häufig findet die Auseinandersetzung in uns selbst statt.

Die FÜNF DER STÄBE lässt dich wissen,

... dass sich deine Energien in einen Konflikt hinein bewegen.

... dass du deinen widerstreitenden Energien das ursprüngliche Grundgefühl entlocken solltest.

... dass du die Wahl hast, innere Überlegenheit durch innere Auseinandersetzung oder durch äußere Konflikte herzustellen.

... dass du die Position wählen musst, die tatsächlich deine ist, unabhängig von der Gruppe, zu der du gehören willst.

... dass das Thema »Innere Überlegenheit« Grundthema eines »Labyrinths« sein kann.

Solltest du nach einer anderen Person gefragt haben: Provokationen haben ihren Urspung in innerer Unterlegenheit.

Eine kluge Zauberhexe versucht sich immer wieder in der Kunst der unbeteiligten Berichterstatterin.

Beweise, dass du klug sein kannst – und gelassen.

Überlege, wie viel Stress du dir leisten willst.

Denke alle deine Gedanken bis zu Ende und wähle dann.

VI der Stäbe

Dieses Bild führt uns zurück in die Welt der Ritterturniere. Die edlen Ritter stellten sich gern starken Gegnern, um ihren Ruf und ihr Ansehen zu vergrößern. Oftmals gelang es ihnen, mit ihrem Sieg auch das Herz einer edlen Dame zu gewinnen. Unser Ritter hier auf der Karte kehrt siegreich zurück. Im Hintergrund versammelt sehen wir seine Knappen oder Anhänger. Er hat erreicht, was er sich vorgenommen hat. An seinem Stab wurde ein Lorbeerkranz, das Zeichen des Siegers, festgebunden, und auch auf dem Kopf trägt er einen.

Natürlich ist er sehr zufrieden mit sich. Man könnte auch denken, dass er jetzt sehr genau spürt, was es bedeutet, ein wichtiges Ziel erreicht zu haben. Vielleicht nimmt er sich gerade vor, bald die nächste Gelegenheit zu nutzen, um sich in neue Herausforderungen zu stürzen und natürlich neue Lorbeeren zu ernten.

Die Sechs der Stäbe lässt dich wissen,
... dass du dich an einem Wendepunkt befindest.
... dass weniger Pessimismus die Voraussetzung für mehr Optimismus ist.
... dass du dich zur Zeit sehr Herausforderungen stellst.
... dass du gute Chancen hast zu gewinnen.
... dass deine Energien mit deinem Mut an Größe gewinnen.

Solltest du nach einer anderen Person gefragt haben: Zeige nur nicht zu viel Bewunderung.

Eine kluge Zauberhexe klatscht begeistert Beifall, aber sie verlässt die Tribüne rechtzeitig.

Du stehst im Mittelpunkt.

Du kannst dein Herz klopfen hören – glaube es einfach.

Warum nicht einfach einmal gewinnen und klasse sein.

VII der Stäbe

Der kampfbereite Ausdruck auf dem Gesicht des Mannes scheint zu zeigen, dass er angegriffen wird und sich verteidigen muss. Offensichtlich hat er jedoch keine Probleme, denn er steht mit beiden Beinen fest auf dem Boden und hat seinen Stab energisch mit den Händen gepackt. Er ist fest entschlossen, seinen Standpunkt zu verteidigen. Seine offensive Haltung zeigt klar, dass zusätzliche Zeit für weitere Entscheidungen derzeit nicht eingeplant ist. Gleichzeitig wird deutlich, dass die nächsten Energien in andere Richtungen gelenkt werden – und dass damit auch mehr bewusste Kraft eingesetzt wird.

Die SIEBEN DER STÄBE lässt dich wissen,

... dass du trainiert bist, um eine Kraft fordernde Situation durchzuhalten.

... dass du aber über neue Pläne nicht unglücklich wärest.

... dass du dir eine dir gemäße Situation erkämpft hast und dich auch dort behaupten möchtest.

... dass du erstaunt sein könntest, wie viel du schaffen kannst.

... dass du vielleicht einmal gucken solltest, was du schon alles erreicht hast.

Solltest du nach einer anderen Person gefragt haben: Was auch immer sie sich vorgenommen hat, sie wird es durchziehen.

Eine kluge Zauberhexe nimmt sich selbst in einer Phase voller Kraftproben anerkennend wahr.

Du brauchst jetzt deine Nerven.

Zur Zeit ziemlich viel Wirbel, und du weißt nicht, ob du wirklich willst.

Bringe zu Ende, was du dir vorgenommen hast.

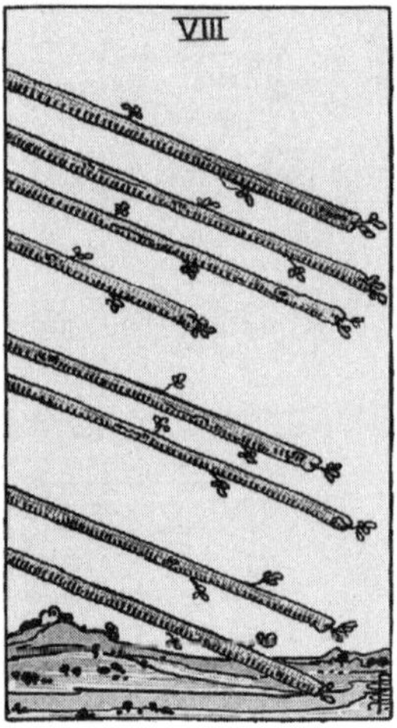

VIII der Stäbe

Diese Karte gibt uns Rätsel auf: Woher kommen diese Stäbe? Wer wirft sie? Natürlich können wir diese Frage nicht beantworten. Einfach deshalb, weil wir zu nahe am Geschehen sind. Wenn wir mehr über die fliegenden Stäbe herausfinden möchten, müssen wir zuerst mal auf Distanz gehen, um zu erkennen, und dann aber selbst Beteiligter werden. Ein Ereignis steht unmittelbar bevor. Wir können uns an einem ungewissen Geschehen auch dadurch beteiligen, indem wir die Augen schließen und spüren lernen, was geschieht.

Da die Stäbe für unsere Energien stehen, für unseren Willen zu leben und zu erleben, zeigt uns diese Karte, dass Energie sich ständig bewegt, auch ohne unser bewusstes Zutun.

Die ACHT DER STÄBE lässt dich wissen,
... dass du das Prickeln des Unbekannten spürst.
... dass du zurücktreten sollst, um einen größeren Zusammenhang zu erkennen.
... dass du dich an einem Erlebnis beteiligen kannst.
... dass dich das Leben zur Zeit sehr interessiert.
... dass etwas sehr nahe an deine Person rückt.

Solltest du nach einer anderen Person gefragt haben: Versuche herauszufinden, an welchem Standort sie sich gerade befindet.

Eine kluge Zauberhexe ist begeistert, wenn Stäbe fliegen, weil unbekannte Kräfte neue Chancen andeuten.

Du bist nicht die Einzige, die zur Zeit nicht durchblickt.

Vielleicht gibt es heftige Gefühle: Ob diese Gefühle am richtigen Ort, zur richtigen Zeit ankommen, ist ungewiss.

Immer schön durchatmen, alles verändert sich.

IX der Stäbe

Die Karte Neun der Stäbe zeigt uns wieder eine Szene. Der Held hat sich in eine erwartungsvolle Haltung gebracht. Seine durchtrainierten Muskeln beweisen, dass er seine Kräfte schon oft genutzt hat. In seiner Welt gibt es Kampf und vor allem eines: gewinnen. Da dies sein Hauptanliegen ist, wird er seine Bühne nicht verlassen. Es sei denn, er würde einmal einen Gegner treffen, der eine Form des Kampfes wählt, die ihm unbekannt ist.

Leider trägt er einen Verband um den Kopf, der andeutet, dass er auch psychische Verletzungen davongetragen hat. Sollte kein Gegner mehr auftauchen, wird er vielleicht sehr unsicher werden. Welche Welt wäre dann seine Bühne?

Die NEUN DER STÄBE lässt dich wissen,

... dass du dir ernsthaft überlegen sollst, dein Auftreten zu ändern.

... dass du dir einmal einen Gegner von Format suchen solltest.

... dass du jetzt entscheiden sollst, ob du einen Auftritt willst oder nicht lieber aus Gründen der Intelligenz darauf verzichtest.

... dass Kämpfer zu sein keine Dauerrolle für dich sein darf.

... dass ein ewiger Kopfverband ziemlich lästig ist.

Solltest du nach einer anderen Person gefragt haben: Biete keinen Angriffspunkt.

Eine kluge Zauberhexe versucht, heimlich das Drehbuch auszutauschen.

Suche die Lösung, die du bisher einfach noch nicht siehst.

Nimm erst einmal Abstand.

Sei ganz vorsichtig.

X der Stäbe

Noch schafft es der junge Mann, wenn auch mit einem für ihn fast übermenschlichen Kraftaufwand, alle zehn Stäbe zu halten. Allerdings versperren sie ihm die Sicht; er weiß nicht mehr, wo er hingeht, und das eigentlich so nahe Haus rückt in unerreichbare Ferne.

Trotzdem bringt er die Kraft auf, weil er spürt, dass das von ihm verlangt wird. Aber eigentlich ist er zu schwach für diese Aufgabe.

Wenn wir davon ausgehen, dass die Stäbe für Energie stehen, scheint es wirklich paradox zu sein, noch mehr Energie für den Versuch aufzuwenden, diese »verquere« Energie zu bündeln.

Wie schön einfach sieht dagegen alles auf der Karte As der Stäbe aus: eine feste Hand und ein Stab. Irgendwann wird das auch dem jungen Mann bewusst werden und er wird sein Ziel wieder klarer sehen.

Die ZEHN DER STÄBE lässt dich wissen,

... dass du dich entschieden überforderst.

... dass du dir einen Stab aussuchen solltest, vielleicht auch zwei ...

... dass du nicht alles hinwerfen sollst, sondern eher im Zeitlupentempo einzelne Probleme aussortieren.

... dass du nicht deinen Grenzen erlauben solltest zu bestimmen, wo deine Kraft endet, sondern deinen Grenzen mit Kraft begegnen sollst, um sie wieder neu festzulegen.

... dass einmalige Kraftakte manchmal erforderlich sind, aber nicht ewig andauern sollten.

Solltest du nach einer anderen Person gefragt haben: Warum sollte sie ständig für alles verantwortlich sein?

Eine kluge Zauberhexe kennt ihre Grenzen und wirft gelegentlich Ballast ab.

Mach doch nicht alles allein, suche dir Hilfe.

Das ist jetzt einfach zu viel für dich.

Keiner hat das Recht, dir mehr aufzubürden, als du verkraften kannst.

PAGE/BUBE DER STÄBE

Auf dem Kopf das Abenteurerhütchen und in der Hand einen guten frischen Stab, da gibt es keine Zweifel: Etwas Neues beginnt, etwas, das Energie und Tatkraft erfordert.

Die Haltung des jungen Mannes ist trotz allem abwartend. Sie zeigt, dass er seine Überlegungen noch nicht vollständig abgeschlossen hat. Seine Absicht ist ihm noch nicht ganz klar geworden, zeichnet sich aber schon ab.

Wohin wird er sich dann wenden? Die drei großen Sandhügel, die wir auf allen Hofkarten der Stäbe sehen können, erinnern an die ägyptischen Pyramiden, die schon viele Forscher zu den seltsamsten Berechnungen inspiriert haben. Und dennoch scheint ihnen ein Rest von Geheimnis geblieben zu sein. Vielleicht führt ihn sein Weg dorthin. Vielleicht auch nicht.

Der Page/Bube der Stäbe lässt dich wissen,
… dass dich eine Herausforderung reizt.
… dass du spürst, dass du jetzt an der Reihe bist.
… dass du dir Gedanken über deine Ziele machst.
… dass du Grund zu Optimismus hast.
… dass eine Überprüfung deiner Energien gut für dich ausgeht.

Solltest du nach einer anderen Person gefragt haben: Da spürt jemand etwas ganz Neues.

Eine kluge Zauberhexe hat ihr bereits etwas mitgenommenes Abenteurerhütchen immer griffbreit.

Eigentlich wolltest du etwas Bestimmtes unternehmen.

Du hast sehr gute Chancen.

Die anderen warten schon auf deinen Einsatz.

RITTER DER STÄBE

So geht es eben manchmal: Gerade noch im schönsten Galopp, da muss man plötzlich die Zügel wieder straff halten und das heißblütige Pferd zum kurzen Halt bringen.

Irgendetwas hat unser stürmischer Ritter gesehen, das erst genau beobachtet werden muss, bevor der abgebrochene Galopp zielstrebig wieder aufgenommen wird.

Ein Held unterwegs, nicht nur in eigener Sache, voller Lebenslust, Energie und Tatendrang. Er ist es, der den Deal einhalten muss, und das verpflichtet ihn. Draufgängertum allein genügt ihm nicht. Er will seine Aufgabe, egal um welche Mission es sich handelt, auch mit instinktiver Sicherheit lösen. Ungestüm, aber nicht blind vor Eifer galoppiert er durch die Hitze der Wüste und bringt Schwung in manche eingefahrene Situation.

Der Ritter der Stäbe lässt dich wissen,
... dass dein Mut aus der Gewissheit kommt, ein guter Partner zu sein.
... dass du dir genügend Zeit nimmst, auch wenn es heiß hergeht.
... dass deine Aufmerksamkeit gefordert ist.
... dass du dich deiner Aufgabe gewachsen fühlst.
... dass du deine Energien gut im Griff hast.

Solltest du nach einer anderen Person gefragt haben: Welches Hindernis beobachtet diese Person gerade?

Eine kluge Zauberhexe rechnet immer mit Hindernissen, tut aber so, als gebe es sie nicht.

Lass nicht locker, benutze die gegenwärtige gute Power.

Du könntest jemanden sehr von dir begeistern.

Du bekommst viel Aufmerksamkeit geschenkt.

KÖNIGIN DER STÄBE

Wenn sie da ist, geht alles gut. Die aufrechte, selbstbewusste aber auch distanzierte Haltung der Königin lässt keine Diskussion zu. In einer Hand hält sie einen Stab und in der anderen eine Sonnenblume. Und so gefällt es ihr auch.

Die Sonne ist ihr Kraft-Symbol und verweist auf die Meisterschaft des Elements Feuer, dargestellt durch den Löwen an ihrem Thron und die Sonnenblume, das Zeichen von Lebenskraft und Wärme, die niemand so sehr verkörpert wie die Königin der Stäbe.

Sie hat sich mit Leib und Seele der Hingabe an das Leben verschrieben. Und wenn sie schon einmal einen Blick zur Seite riskiert, übernimmt eine schwarze Katze, Symbol der Klugheit, den Schutz vor unwillkommenen Gästen oder Begebenheiten. Katzen sind eigenwillig und eigensinnig. Deshalb ist es klug von dieser Königin, ihre Assistenz zu wählen: Sie ist unbestechlich!

Die KÖNIGIN DER STÄBE lässt dich wissen,
... dass du zur Zeit mehreres vereinbaren kannst.
... dass sich keiner traut, dich direkt anzugreifen.
... dass das Geheimnis deiner Stärke darin besteht, einen Teil deiner wichtigen Informationen instinktiv zu erfassen.
... dass du ein gefragter Typ bist.
... dass du genügend Kraft hast für alles, was du dir vornimmst.

Solltest du nach einer anderen Person gefragt haben: Solltest du funkelnde Augen sehen, verwechsele sie bitte nicht mit denen einer Katze.

Eine kluge Zauberhexe weiß, dass eine aufrechte Haltung Vorteile hat.

Verlasse dich auf den guten Eindruck, den du machst.

Du sonnst dich in jeder Menge Aufmerksamkeit.

Du bist diejenige Person, die zur Zeit Signale setzt.

KÖNIG DER STÄBE

KÖNIG DER STÄBE

Er gehört zu der Sorte Majestäten, die einfach und klar »easy going« präsentieren. Sein Stab wird nicht durch Kraftaufwand aufrecht gehalten, sondern durch lässige Konzentration.

Er ist der Beherrscher des Elements Feuer. In der traditionellen Sprache der Symbole wird dies durch die Salamander ausgedrückt, die auf seinem Thron und als Muster auf dem Mantel abgebildet sind.

Ein kleiner Salamander sitzt ihm treu zu Füßen, als wollte er fragen: Was ist los, Boss? Was immer auch los ist, der König der Stäbe scheut keinen Einsatz. Er ist spontan offen für Veränderungen und wird immer sofort blitzschnell da sein, wo er etwas erreichen kann, entweder für sich allein oder für andere.

Der KÖNIG DER STÄBE lässt dich wissen,
... dass du deine Situation vollständig im Griff hast.
... dass die Qualitäten deiner jetzigen Energie in deiner Konzentration liegen.
... dass dich Geistesgegenwärtigkeit auszeichnet.
... dass du gespannt bist, was passiert.
... dass du dich sehr gut fühlst.

Solltest du nach einer anderen Person gefragt haben: Vielleicht ist es genau die Energie, die dich fesselt und die du selbst hast.

Eine kluge Zauberhexe blickt hin und wieder nach unten, ob ihr Salamander auch noch bei ihr ist.

Verpasse nicht deinen Einsatz.

Ergreife die Gelegenheit und rücke dich ins rechte Licht.

Du weißt, was du willst.

As der Schwerter

Das As der Schwerter ist neben dem As der Stäbe eine der beiden aktiv orientierten As-Karten im Tarot.

Die aus der Wolke auftauchende Hand steht für Entscheidungsbereitschaft. Ein Palmenzweig und (vielleicht) ein Mistelzweig hängen an der Krone, die um die Spitze des Schwertes schwebt. Die Palme gehört zu den Symbolen königlicher Macht, die Mistel zu den Schmarotzerpflanzen, der man aber auch große Heilwirkungen zuschreibt.

Die schattige, melancholische Landschaft unterstreicht die einsame, vom Alltagstrubel abgehobene Atmosphäre der Karte. Goldgelbe Flämmchen, je drei zu Seiten des Schwertes, sind im Tarot oft ein Hinweis auf eine besondere, beinahe kosmische Energie. Das Schwert selbst konzentriert sich auch hier wieder ausbalanciert und zielsicher auf die Mitte, den Kern dessen, was wichtig ist.

Das As der Schwerter lässt dich wissen,

... dass du zu einer konkreten Entscheidung aufgefordert bist.

... dass deine Entscheidung nicht zu Lasten eines anderen gehen darf.

... dass deine Entscheidung einen Triumph für dich und andere zur Folge haben kann.

... dass du keine Entscheidung treffen solltest, nur um einen Sieg zu erringen.

... dass dir aber dennoch ein Sieg zusteht.

Solltest du nach einer anderen Person gefragt haben: Hier werden Entscheidungen getroffen und die Karten neu gemischt.

Eine kluge Zauberhexe weiß, dass ein Schwert schwer ist.

Du hast jetzt die Chance, eine klare Entscheidung zu treffen.

Eigentlich hattest du vor, dich von Illusionen zu trennen.

Es ist Zeit, dass du dich nicht länger vor Entscheidungen und Fragen drückst, die dir am Herzen liegen.

II der Schwerter

Unweigerlich denkt man bei näherer Betrachtung dieser Karte an die schweigende Schönheit der Hohepriesterin. Sie blickt weder hinaus auf das Meer, noch blickt sie dich an. Du fühlst, dass du mit verbundenen Augen, den Rücken unmittelbar dem Meer zugewandt, das Rauschen der Brandung machtvoll in deinen Ohren spürst. Die massiven Schwerter, die sie in ihren Händen hält, erfordern viel körperliche Kraft und Konzentration.

Mit verschlossenen Augen breiten sich die Bilder unserer inneren Welt aus, die unsere Seele gespeichert hat, während wir mit anderen Aktivitäten beschäftigt waren. Die Schwerter sind wie Orientierungspunkte, überkreuzt an der Stelle unseres Körpers, an der unser Herz schlägt. Sie fordern uns auf, verwirrende Gedanken von klaren zu trennen.

Die ZWEI DER SCHWERTER lässt dich wissen,
... dass es viel Kraft braucht, innere Bilder kennen zu lernen und sich bewusst zu machen.
... dass du in Zeiten verbundener Augen deine Vorstellungen von der Welt als innere Bilder akzeptieren solltest.
... dass du deiner inneren Seelenwelt zwar den Rücken kehren könntest, sie dich aber dennoch zur Suche auffordert.
... dass deine Schwerter Intuition und Verstand heißen.
... dass deine aufrechte Haltung bei diesem Erleben vorbildlich ist.

Solltest du nach einer anderen Person gefragt haben: Zur Zeit bist du ein Schauspieler auf ihrer Bühne.

Eine kluge Zauberhexe findet heraus, welche Bilder ihre Seele sammelt.

Mache dir deine Gedanken bewusst, indem du sie beispielsweise in einem Tagebuch festhältst.

Zur Zeit kannst du deinen Gefühlen keinen freien Lauf lassen.

Setze dir einen festen Zeitpunkt zur Klärung.

III der Schwerter

Die Drei der Schwerter zeigt eine Querverbindung zur Herrscherin. Dort gab es das Herz in Form einer steinernen Parkbank. Hier gibt es ein Herz, jedoch blutrot gemalt, verwundet und von drei Schwertern durchbohrt. Am Himmel hängen traurige graue Wolken und der strömende Regen tut ein Übriges zum Gefühl des Unglücklichseins.

Kein Zweifel: Hier hat das Leben schwere Wunden zugefügt, in erstaunlicher Symmetrie. Da aber kein Blut aus dem Herzen fließt, bleibt zum Glück das Lebendige, das Kostbare des oder der Verletzten erhalten. Siegt hier der Verstand über das Gefühl? Nur solange die Schwerter nicht gezogen werden, hält der Schmerz an. Erst wenn die Schwerter entfernt werden, kann der Heilungsprozess eintreten. Es kann sein, dass es gleich mehrere unglückliche Umstände sind, die zusammen dieses tiefe Gefühl des Leids und Kummers hervorrufen.

Die Drei der Schwerter lässt dich wissen,
... dass ein tiefer Schmerz in dir tobt.
... dass du dich in diesen Schmerz fallen lassen musst, um ihn wirklich zu erkennen.
... dass du dir selbst gegenüber deinen Kummer eingestehen musst.
... dass du untersuchen solltest, woher die Schwerter wirklich kommen, und dir dabei ruhig Hilfe suchen kannst.
... dass du aufgefordert bist, im Hier und Jetzt »okay« zu sagen.

Solltest du nach einer anderen Person gefragt haben: Ein Indianer kennt angeblich keinen Schmerz. Aber wer ist dieser Indianer?

Eine kluge Zauberhexe weiß, dass Herzenskummer auszuteilen unbemerkter bleibt als einzustecken.

Lass nicht zu, dass eine schmerzliche Erfahrung dein Leben vergiftet.

Vermutlich hast du Liebeskummer, aber sei sicher: nicht ewig.

Lass dich nicht fertigmachen: Wehre dich.

IV der Schwerter

Vier Schwerter sind es, aber nur drei schweben in Form eines Reliefs über dem schlafenden Ritter. Er hat, abgeschirmt von der Außenwelt, sich ganz in sich selbst zurückgezogen. Die Schwerter wurden und werden nicht benutzt – aber sie zeigen den Grund für den Tiefschlaf an, den der Ritter hier braucht. Mit dem einen liegenden Schwert wurde eine Lebenserfahrung abgeschlossen, die auch die anderen drei Schwerter mit einbezieht.

Es wurden eine oder mehrere Erfahrungen gemacht, für die der Ritter nun viel Ruhe braucht, um sie zu verarbeiten. Draußen hinter den dicken Mauern scheint die strahlende Sonne und bringt das bunte Glasfenster mit einem Motiv des Gebens und Betreutwerdens zum Leuchten. Der Zufluchtsort wurde gewählt, um nicht erreichbar zu sein. Die aneinander gelegten Hände symbolisieren eine Konzentration auf die Lebensenergie des Herzens.

Die VIER DER SCHWERTER lässt dich wissen,
... dass du dich nach Zeiten der Unruhe stabilisierst.
... dass du ein großes Bedürfnis nach Ruhe hast.
... dass du erst wieder lebenslustig wirst, wenn du manche Schwerthiebe des Lebens verarbeitet hast.
... dass du es schön fändest, wenn jemand dir helfen würde.
... dass du nicht ewig die »Prinzessin auf der Erbse« sein musst.

Solltest du nach einer anderen Person gefragt haben: Vielleicht schaffst du es, die drei Schwerter von der Wand zu nehmen.

Eine kluge Zauberhexe lässt abwartende Ruhepausen zu.

Es gibt eine Ruhepause für dich, die du auch brauchst.

Eine gute Zeit, Gedichte zu schreiben. Eine schlechte Zeit für neue Herzensbündnisse.

Nutze diese Zeit, dir auszumalen, was dir mehr Freude bringen könnte.

V der Schwerter

Die Wolkenfetzen am Himmel sind typisch nach einem Gewitter. Zwei Verlierer haben ihre Schwerter weggeworfen; der Sieger hat zu seinem eigenen Schwert zwei zusätzliche Schwerter wie Trophäen eingesammelt. Im Vordergrund zeigt der eine Verlierer dem Sieger ungebeugt, wenig beeindruckt den Rücken. Im Hintergrund lässt der andere seinem Kummer und seiner Niedergeschlagenheit freien Lauf.

Hier muss gar kein wirklicher Kampf stattgefunden haben, wohl aber eine zwingende Demonstration von Stärke und Überlegenheit. Wenn man sich dieses Bild ansieht, fällt es schwer zu glauben, dass Gewinnen immer Spaß macht. Vor allem dann, wenn offensichtlich wird, dass der Sieg durch List und Gemeinheit errungen wurde. Nicht selten hat deshalb ein Kämpfer, der sich im richtigen Moment abwendet, den besseren Abgang als der Gewinner – und ist im Nachhinein der eigentliche Sieger. Die Schwerter stehen in unserer Zeit vor allem für die Auseinandersetzung mit Worten und Sprache.

Die Fünf der Schwerter lässt dich wissen,
... dass du einer harten Diskussion nur so lange folgen solltest, wie es dir deine Argumente erlauben.
... dass du deine Sprache als Waffe einsetzen kannst.
... dass niemand unübertroffen ist, dass auch deine Hiebe jederzeit von einem Stärkeren beantwortet werden können.
... dass ein Verlierer häufig über Rache nachdenkt.
... dass ein Sieger häufig leichtsinnig wird.

Solltest du nach einer anderen Person gefragt haben: Lass dir verschiedene Wege offen.

Eine kluge Zauberhexe zeigt nie ihre ganze Kraft.

Bleibe stark und lass dich nicht beugen.

Hier schlägt jemand etwas kaputt, vielleicht, weil er nicht anders kann.

Hoffentlich ist der Streitgegenstand so viele Verluste wert.

VI der Schwerter

Ein Kind und eine Frau vertrauen sich einem Fährmann an, der sie von vertrautem Gebiet über das Wasser ins Unbekannte, Neue bringt. Keine der drei Personen gibt ihre Identität preis. Sechs riesige Schwerter verleihen der Atmosphäre im Boot zusätzlich ein Gefühl von Bedrängnis und Trauer. Es ist eine stille Fahrt. Auch das leise Staken verursacht kaum Geräusche. Das Wasser kann hier nicht tief sein. Vielleicht könnte das Ziehen der Schwerter gefährliche Löcher im Boot zur Folge haben. Das langsame Gleiten durchs Wasser hin zum nahen Ufer stimmt sanft. Wenn die beiden Fahrgäste dort angekommen sind, wird der Fährmann umkehren. Dann wird es keine Spuren mehr geben von den beiden schweigsamen Schützlingen.

Doch was geschieht mit den Schwertern? Gehören sie nun zu allen drei Personen? Oder zu den beiden Fahrgästen? Oder nur zum Fährmann? Das Geheimnis kannst nur du lösen.

Die SECHS DER SCHWERTER lässt dich wissen,
... dass du neue Ufer nur mit gemischten Gefühlen betrittst.
... dass stilles und langsames Vorantasten derzeit die einzige Möglichkeit ist.
... dass du etwas oder jemandem den Rücken zukehrst.
... dass du dich in einer Gemeinschaft unbehaglich fühlst.
... dass du herausfinden solltest, ob und welchen Platz im Boot du einnimmst oder ob du nur beobachtest.

Solltest du nach einer anderen Person gefragt haben: Witze sind derzeit nicht angebracht.

Eine kluge Zauberhexe fährt schon einmal in einem Boot voller Schwerter, aber versucht, sich möglichst bald Aufschluss über das Ziel der Reise zu verschaffen.

Es ist etwas im Gang, und du musst aushalten, noch nicht zu wissen, was kommt.

Du oder jemand anderes ist unterwegs – leider inkognito.

Die Umstände werden sich ändern, aber sehr langsam.

VII der Schwerter

Für die große Menge schwerer Schwerter, die er schleppt, läuft der fremde Soldat erstaunlich leichtfüßig. Völlig unbesorgt wählt er eine Richtung, die weg führt von bewehrten Heereslagern. Seine Grazie und Anmut verdankt er seiner inneren Sicherheit, sich in den Zustand der größtmöglichen »Unschuld« versetzt zu haben. Hat er sich jemals in irgendwelche Konflikte eingelassen? Hat er auch nur ein Mal ein bisschen an sich selbst gedacht? Kann ein so unschuldiger Mensch so spielerisch mit so vielen Schwertern hantieren? Bevor man eine Antwort auf die Frage findet, ist er aus dem Bild gelaufen. Und zurück bleiben zwei Schwerter, die wohl kaum noch eine ernsthafte Bedrohung darstellen. Aber vielleicht gibt es ja doch noch ein Lager um die Ecke, das man gerade nicht sehen kann, das noch ein paar Schwerter gebrauchen kann, und er hat alte Freunde verraten, um neue zu gewinnen? Oder sind alles nur Trugbilder…

Die SIEBEN DER SCHWERTER lässt dich wissen,
... dass dir dein Husarenstückchen gelingen könnte.
... dass geschlossene Augen nicht verhindern, beobachtet zu werden.
... dass plötzliche Eingebungen geschicktes Verhalten erfordern.
... dass das Entschärfen einer Situation notwendig ist.
... dass eine eingeschränkte Situation eine völlig neue Betrachtung erfährt.

Solltest du nach einer anderen Person gefragt haben: Diese möchte zur Zeit ganz unerkannt bleiben.

Eine kluge Zauberhexe lässt allen das schöne Gefühl der Unschuld, solange sie weiß, was sie will und wie das Ganze wahrscheinlich ausgehen wird.

Du würdest dich gern davon schleichen – vielleicht gelingt es.

Sei vorsichtig – hier könnte jemand das Verwechselspiel spielen.

Es ist an der Zeit, selbst einmal ein kleiner Schurke zu sein.

VIII der Schwerter

Es ist keine Täuschung: Dein linker Fuß kann Wasser spüren und dein rechter zur gleichen Zeit Erde. Wenn wir manchmal nicht wissen, wieso das so ist, und wir darüber hinaus im übertragenen Sinn gefesselt sind und die Augen verbunden haben, so sind wir nach Ansicht dieser Karte dennoch nicht geknebelt. Wie diese junge Frau. Würde sie ihren Mund öffnen, was würde sie wohl sagen? Sie könnte um Hilfe rufen. Aber hörte sie jemand? Sie könnte auch versuchen, Fragen zu stellen: Was tue ich hier? Warum wurde ich gefesselt? Warum fühle ich mich bedroht? Wer zieht Nutzen aus meiner Hilflosigkeit?

Sie könnte natürlich auch so schnell wie möglich davon rennen. Aber in dieser Sumpflandschaft käme sie unweigerlich ins Rutschen, und sie würde sich an diesen harten, scharfen Schwertern wenigstens schwer verletzen. Vielleicht würde dann ihr Überlebenswille siegen und ihr Instinkt übernähme die Führung. Sie würde versuchen, aus dieser Situation mit kleinsten Schritten herauszukommen. Eines Tages wäre sie frei. Die Freiheit wäre das Ergebnis von Instinkt und genauer Überlegung.

Die ACHT DER SCHWERTER lässt dich wissen,
... dass deine jetzige Situation von anderen verursacht wurde.
... dass du dich auf deine innerste Kraft besinnen solltest.
... dass du dich ganz auf dich selbst stützen sollst.
... dass du deine Intelligenz benötigst, um dich zu befreien.
... dass du auf deine innere Stimme hören musst.

Solltest du nach einer anderen Person gefragt haben: Vielleicht hast du eine Idee, wie ihr zu helfen ist.

Eine kluge Zauberhexe hat ihr Geschick in genau solchen Situationen trainiert.

Du brauchst jetzt etwas mehr Kritik von guten Freunden.

Du weißt nicht, was du willst, und daran liegt es.

Vermutlich haben die anderen noch nicht einmal andeutungsweise so viel Macht, wie du ihnen unterstellst.

IX der Schwerter

Der Schlaf scheint diese Person nicht sehr erquickt zu haben. Vielleicht hat sie ja auch noch gar nicht geschlafen und kann nicht einschlafen, weil ihr Kopf voller quälender Bilder ist. Die Angst kann der schlimmste Feind eines guten Schlafes sein. Besonders die Angst, die wir unbewusst spüren und noch gar nicht erkannt haben. Das Ergebnis einiger trauriger Erfahrungen und Verluste kann eine solche Angst sein. Natürlich klopft die Angst nicht einfach an und fragt, ob sie reinkommen darf. Sie schleicht sich ungebeten in die Herzen, nimmt allen Mut und damit auch schöne Träume und die Freude am Wachsein.

Man kann sich so sehr auf die Wiederholung trauriger Dinge konzentrieren, dass sie sich dann auch tatsächlich wiederholen: Das Leben kann so zum Alptraum werden.

Die Frau, die auf dem Bett unter den neun Schwertern sitzt und so traurig ist, würde sich wahrscheinlich gern erheben. Aber noch ist sie wohl überzeugt davon, dass sie es nicht kann.

Die NEUN DER SCHWERTER lässt dich wissen,
... dass es nichts hilft, sich vor der Realität zu verstecken.
... dass Aufwachen aus manchen Träumen sehr schwer sein kann.
... dass Weinen oft sehr hilft.
... dass du dir viel Zeit nehmen kannst, um deine Ängste kennen zu lernen und sie dann zu verabschieden.
... dass du irgendetwas verändern sollst.

Solltest du nach einer anderen Person gefragt haben: Wie wäre es mit etwas Unterstützung?

Eine kluge Zauberhexe ist höflich und bittet die Angst, auch wenn sie nicht klopft, freundlich herein und fragt sie nach ihrem Namen.

Um mutig zu werden, müssen wir auch die Angst kennen lernen.

Bist du sicher, dass diese Person so viel Kummer wert ist?

Suche dir einen passenden Gesprächspartner und löse dich aus Gruppenzwängen.

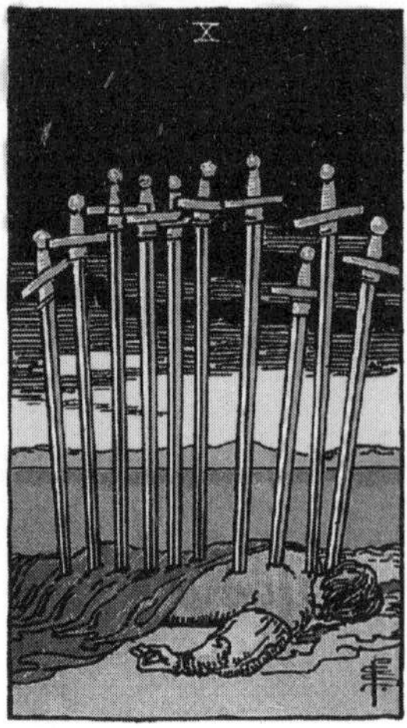

X der Schwerter

Die Zehn der Schwerter wäre ein Höhepunkt im Leben eines jeden Dramaturgen: ein Ende mit Superlativen. Nicht nur eines, nein gleich zehn Schwerter durchbohren die Person auf dieser Karte.

Stelle dir vor, dies wäre die Schluss-Szene in einem Fantasy-Abenteuerfilm, während langsam die Worte »The End« über die Leinwand fließen. Nun, dann könntest du sicher sein, dass der Schurke endlich bestraft wurde. Oder ist es am Ende der Held, von dem man die ganze Zeit über dachte, es sei der Gute und war es dann doch nicht? Wie auch immer: Das rettende Meer hat er nicht mehr erreicht.

Aber jede noch so dunkle Nacht endet, wie auf dieser Karte auch, mit einer Morgendämmerung.

Die Zehn der Schwerter lässt dich wissen,

... dass dir dein logisches Denken im Moment gar nicht nützt.

... dass du dich unbehaglich fühlst, solange du weißt, dass es Schwerter sind, die dich zu Boden drücken.

... dass du dich entscheiden musst, ob du der Schurke oder der Gute bist.

... dass das Bessere stets der Feind des Guten ist.

... dass du dir Gedanken über »The End« machen solltest, das dir wirklich gefällt und entspricht.

Solltest du nach einer anderen Person gefragt haben: Sollte sie eine gute Person sein, wird es nicht ihr Ende sein.

Eine kluge Zauberhexe weiß, dass dauernde Überlegenheit keinen Spaß macht, und hat deshalb gelegentlich alles über.

Benutze deinen Verstand, aber auch deine Phantasie, dir eine super Lösung einfallen zu lassen – du kannst es.

Du schwingst dich auf eine Erlebnistiefe ein, die du schlecht verkraftest.

Überlege, wer du vor zwei Jahren warst. Überlege, wer du vor einem halben Jahr warst. Entwirf ein Bild, wer du in einem halben Jahr sein willst.

PAGE/BUBE DER SCHWERTER

Hier steigt einer in die Tradition der Schwertträger ein. Dazu gehört Mut, viel Training und der Wille, alle Tricks zu lernen, die erfahrene Kämpfer bereits erfolgreich praktizieren. Unerschrockenheit, Konfliktbereitschaft und Optimismus gehören ebenfalls dazu.

Was kann schon passieren? Ein frischer, beißend kalter Frühlingswind weht und der Held überblickt alles. Er späht über seine rechte Schulter und der Griff ums Schwert wirkt ziemlich entschlossen.

Er möchte etwas sagen und er möchte auffordern zum Kräftemessen. Wie soll man mit diesem Burschen umgehen? Sich vielleicht erst einmal warm anziehen und dann auf die eigenen Kräfte vertrauen. Schließlich bist du nicht auf den Kopf gefallen.

Der PAGE/BUBE DER SCHWERTER lässt dich wissen,
... dass dir ein Trotzkopf über den Weg läuft.
... dass du ruhig einen Streit wagen kannst.
... dass ein Frühlingswind schnell die Wolken auseinander treibt.
... dass du dich auf kühle Zeiten einstellen sollst.
... dass diese aber nicht ewig dauern.

Solltest du nach einer anderen Person gefragt haben: Weshalb sollte diese sich versöhnlich zeigen, wenn ihr nicht danach zumute ist?

Eine kluge Zauberhexe überrumpelt einen solchen Schwertträger mit ihrem charmantesten Lächeln.

Du bist doch verwegen und mutig – also los.

Du gibst dich kühler, als du bist.

Bewerte Herausforderungen nicht zu hoch.

RITTER DER SCHWERTER

RITTER DER SCHWERTER

Er ist einfach nicht zu bremsen. Sein Schwert hoch erhoben in der Hand, setzt er sich über jegliche Hindernisse hinweg. Man erkennt deutlich, dass er Lust hat zu kämpfen.

Ob er im Recht ist oder nicht, lässt sich bei der Geschwindigkeit leider nicht feststellen. Auf jeden Fall gibt es jede Menge Stress. Nun kommt es im Leben fast aller Menschen einmal an einen Punkt, an dem sie glauben, alle Kraft dieser Welt gepachtet zu haben, und eine massive Wut angewachsen ist, die dann ausbricht.

Erst wenn nach abgeschlossener Aktion feststeht, dass es jetzt plötzlich einige Freunde weniger gibt, oder dass das mit aller Schärfe ins Auge gefasste Ziel nicht erreicht wurde, sattelt der wütende Ritter ab und wird nachdenklich. Vorher allerdings nicht.

Der Ritter der Schwerter lässt dich wissen,
... dass du möglicherweise über das Ziel hinaus schießt.
... dass du unheimlich wütend bist.
... dass du es vielleicht nötig hast, einmal eine solche »blindwütige« Erfahrung zu machen.
... dass du dich durch deine derzeitigen Aktionen besser kennen lernst.
... dass Wut eine natürliche Folge von zu viel Einschränkung ist.

Solltest du nach einer anderen Person gefragt haben: Wo andere ungestüm vorgehen, bleib du in deiner Mitte.

Eine kluge Zauberhexe denkt gelegentlich über Ruhe und Harmonie nach.

Lass dich nicht immer gleich zur Weißglut treiben.

Du musst entscheiden, was unbedingt gesagt werden muss – und was nicht.

Zu viel Sturmgeist könnte auch schaden.

KÖNIGIN DER SCHWERTER

Die Schmetterlingskrone um ihr Haupt ist ein Symbol mit vielfältiger Bedeutung. Hier geht es einer Königin um Befreiung und Verwandlung. Der Schmetterling kündet vom Leben nach einer langen Zeit als Larve und Puppe. Eine durchtrennte Schnur an ihrem Handgelenk weist auf die erst unlängst erfolgte Loslösung von alten Ansichten oder nicht mehr passenden Lebensumständen. Eine spezielle Bewandtnis hat es mit ihrem Kopf, der über die Wolken herausragt: Klare Entscheidungen bringen einen wolkenlosen Himmel.

Sie ist eine Meisterin darin, klare Gedanken nicht nur zu entwickeln, sondern auch anzuerkennen und sich um die konsequente Durchsetzung zu bemühen. Dazu gehört Entschlossenheit und großer Glaube an die Zukunft. Da nicht alle Entscheidungen von einem himmlischen Gremium getroffen werden können, sitzt jeder einmal auf diesem Thron und hat ein Schwert in der Hand.

Die Königin der Schwerter lässt dich wissen,

... dass du jetzt dran bist.

... dass du dich aufraffen solltest, einmal eine Veränderung zu wagen.

... dass du gerade eine Chance erhältst, ganz gelassen zu sein.

... dass du dich als Schmetterling ganz gut fühlen könntest.

... dass du deinem Verstand die Oberhand lässt.

Solltest du nach einer anderen Person gefragt haben: Sie steckt in einem Wandlungsprozess.

Eine kluge Zauberhexe schlägt nicht einfach drauflos, sondern wartet mit ihrer Entscheidung, bis ihr Kopf über den Wolken ist.

Befreie den Schmetterling in dir.

Löse dich aus einer vertrackten Situation.

Lass nicht zu, dass Kümmernisse sich zu lange einnisten.

König der Schwerter

Als Herrscher des Elements Luft, das ja von den Schwertern repräsentiert wird, wirkt er ganz abgeklärt und kühl bis ins Herz. Das Schicksal scheint ihn nicht auf seinen Thron verbannt zu haben. Eher hat er sich selbst zum Herrscher im Reich der kühlen Logik ernannt. Auch die Wolken deuten auf seine Beziehung zum Luftigen hin. Das Schwert in seiner Hand wirkt nicht sehr anheimelnd. Schließlich möchte dieser König auch, dass alle vor ihm zittern.

Was zu denken gibt, ist, dass sein Schwert sich ein wenig zu seiner Rechten neigt. Sein Denkprozess ist noch nicht abgeschlossen, wird es wahrscheinlich nie sein.

Er ist der Zweifler, der einen Gedanken als nie absolut gültig und abschließend betrachtet. Völlig emotionslos blickt er dich an. Kann sich so ein Mensch jemals irren? Man wird es nie erfahren, wenn man nicht selbst einmal in seine Rolle geschlüpft ist.

Der König der Schwerter lässt dich wissen,
... dass du zu Gelassenheit aufgerufen bist.
... dass du deine Gedanken ordnen solltest.
... dass du mit Worten vernichtend zuschlagen kannst.
... dass du dich zur Zeit nur vom Verstand leiten lässt.
... dass zu dich derzeit etwas allein fühlen könntest.

Solltest du nach einer anderen Person gefragt haben: Hier schottet sich jemand massiv ab.

Eine kluge Zauberhexe benutzt ihr Schwert in diesem Fall, um sich von lästigen Gedanken zu trennen.

Du bist misstrauisch. Vielleicht traut auch dir keiner.

Ziemlich frostige Zeiten.

Wenn dir das zu viel wird, versuche, da herauszukommen.

As der Münzen

Das As der Münzen ist eine der beiden passiv erscheinenden As-Karten im Tarot. Sorgsam schützend hält die weiße Hand aus den Wolken eine große goldgelbe Münze mit dem Pentagramm, einem fünfzackigen Stern.

Aus einem wunderschönen Garten mit weißen Lilien führt der Weg durch die Pforte in einer wuchernden Rosenhecke hinaus in die freie Weite, hin zu einem weit entfernten Gebirge.

Diese Abbildung strahlt ein gutes Gefühl großer Geborgenheit und Offenheit aus. Denn statt durch wuchtige Mauern und massive Tore abgeschirmt zu sein, hat man so die freie Wahl, in dieser Geborgenheit zu bleiben oder sich auf den Weg zu neuen, verlockenden Zielen zu machen.

Die Münze steht hier deshalb ganz deutlich nicht nur als Symbol materieller Sicherheit. Und ein Garten ist immer ein Ort der Ruhe, der Pflege und des ständigen Wachstums.

Das As der Münzen lässt dich wissen,
... dass du Schutz genießt, den du auch brauchst.
... dass du bereits viele Ziele erreicht hast.
... dass dich die große Freiheit gerade jetzt nicht so sehr interessiert.
... dass dir eine ruhige, sichere Umgebung und Geborgenheit sehr wichtig sind.
... dass du zu dieser Ruhe, Sicherheit und Geborgenheit deinen Teil beiträgst.

Solltest du nach einer anderen Person gefragt haben: Etwas Ruhe, Frieden und Geborgenheit kann auch diese Person gut brauchen.

Eine kluge Zauberhexe weiß, dass ein schöner Garten auch innerlich angelegt werden kann.

Das, was du suchst, ist bereits da – mach einfach die Augen auf!

Alles ist offen ...

Eine gute Zeit für alle Beteiligten.

II der Münzen

Wie in einer Theaterkulisse schaukeln im Hintergrund Schiffe auf dem wogenden Meer. Der Jüngling im Vordergrund auf der »Bühne« jongliert gekonnt mit zwei Münzen. Seine Bewegungen sind dynamisch und fließend wie das Wasser, präzise und harmonisch wie der Rhythmus der Wellen.

Wasser ist das Sinnbild für Gefühle, und das Meer in allen seinen Formen zwischen stiller See und aufgewühlter Gischt ist das Symbol der menschlichen Seele. Auch der junge Jongleur steht hier als das Spiegelbild des Innenlebens. Er dreht zwar dem Meer den Rücken zu und sieht nicht, was hinter ihm passiert, aber er versucht mit viel Gefühl, seine Balance geschickt dem »Wellengang« anzupassen, der auch seine Seele manchmal in Aufruhr versetzt.

Das grüne Band, das sich als Symbol der Unendlichkeit um die beiden Münzen legt, soll zeigen, dass er dabei stets versucht, nie die Balance zu verlieren und immer den Überblick zu behalten.

Die Zwei der Münzen lässt dich wissen,

... dass du ein gutes Gespür hast, wie man Probleme meistern kann.

... dass dein Glück darin liegt, zu erkennen, wann du Balance halten musst.

... dass noch so geschicktes Jonglieren trotz des Zeichens der Unendlichkeit kein Dauerzustand sein muss.

... dass du darauf achten solltest, ob sich das Meer besänftigt hat.

... dass dein Balanceakt oft bewundert wird.

Solltest du nach einer anderen Person gefragt haben: Spare nicht mit Bewunderung.

Eine kluge Zauberhexe weiß, dass Jonglieren nicht nur ein Freizeitspaß ist.

Du wünschst dir mehr Festigkeit, aber genieße doch auch einmal die Leichtigkeit.

Solange du alle nett findest, musst du dich nicht engagieren.

Zur Zeit schaffst du mit deiner lockeren Einstellung alles.

III der Münzen

Ein Steinmetz zeigt seine vollendete Arbeit einem Mönch und dem Architekten. In dieser klösterlichen Szenerie deutet sich durch die geleistete Arbeit mehrerer Menschen an einem Projekt das Thema übereinstimmender Gemeinsamkeit an. Denn alle handelnden Personen dieser Karte sind sich klar ihrer gegenseitigen Abhängigkeit bewusst, wissen, dass sie sich auf ein gemeinsames Ziel einließen.

Die Drei der Münzen illustriert damit im übertragenen Sinn auch sehr konkret, wie stark die Gegenwart von der Vergangenheit und der Zukunft beeinflusst wird: Solange die unterschiedlichen Menschen ein gemeinsames Ziel verfolgen, arbeiten sie trotz aller persönlichen Gegensätze auch gemeinsam beharrlich an einem in der Vergangenheit geplanten Projekt, um in der näheren oder ferneren Zukunft dieses Ziel sicher zu erreichen.

Die DREI DER MÜNZEN lässt dich wissen,
... dass du dich jetzt engagieren musst, damit du dein Ziel erreichst.
... dass du Freunde finden wirst, die dir dabei helfen.
... dass Freunde dich suchen und finden, damit du ihnen hilfst.
... dass dir auch Kleinigkeiten wichtig sind.
... dass du deine Abhängigkeiten – von anderen Menschen oder von anderen Zielen – immer wieder neu prüfen musst.

Solltest du nach einer anderen Person gefragt haben: Halte dich nie für unersetzlich. Aber überlege genau, welchen Platz du hier einnehmen willst oder einnehmen sollst.

Eine kluge Zauberhexe nimmt erst Werkzeuge in die Hand, wenn sie die Baupläne genau studiert hat.

Du weißt, dass du gebraucht wirst.

Deine Realität ist geprägt von konkreter Arbeit – also nicht zu romantisch denken.

Dein Einsatz wird geschätzt und auch gebraucht.

IV DER MÜNZEN

Die Körperhaltung und der Blick sagen alles – hier geht jemand verschränkt, trotzig und doch selbstbewusst auf Distanz. Vor der mächtigen Stadt mit ihren Türmen, Dächern und Mauern im Hintergrund hat der junge Mann keine Angst. Dem Betrachter, dem er direkt in die Augen sieht, gibt er dafür zu klar und deutlich zu verstehen, dass er seine Stärken genau kennt. Oder zu kennen glaubt. Die Position der Münzen signalisiert: Seine Gedanken gehören ihm, sein Herz gibt sich keine Blöße, seine Füße sind wie festgewurzelt. Er denkt gar nicht daran, eine Herausforderung anzunehmen, ignoriert sie andererseits aber auch nicht völlig, sondern wartet ab.

So eine gewaltige Portion demonstrierter Stabilität hat Vorzüge. Aber sie kann auch bedeuten, dass man sich an etwas klammert oder sich mit einer Schutzmauer umgeben will, damit keiner an einen herankommt oder es gar nicht erst versucht. Wenn man nicht aufpasst, kann Klammern an Besitz auch zu geistiger Unbeweglichkeit führen.

Die Vier der Münzen lässt dich wissen,
... dass du nicht bereit bist, dir eine sicht- oder spürbare Blöße zu geben.
... dass du dich abgesichert hast oder dich so fühlst.
... dass du dir deinen Rang um nichts in der Welt nehmen lassen willst.
... dass du Spaß daran und Lust darauf hast, andere auflaufen zu lassen.
... dass es dich amüsiert, wie schnell andere auf deine Show hereinfallen.

Solltest du nach einer anderen Person gefragt haben: Vielleicht solltest du dieser Person einmal einen Spiegel vorhalten.

Eine kluge Zauberhexe weiß, dass gespielte Sicherheit sich manchmal in echte Sicherheit verwandelt.

Du hast dich zur Zeit etwas abgekapselt. Aber vielleicht ist das gut so.

Keine Annäherungsversuche erwünscht.

Du musst offener werden, wenn du Gesellschaft haben willst.

V der Münzen

Schon auf den ersten Blick ist das eine dramatische Situation: Zwei Menschen schleppen sich krank und völlig erschöpft barfuß durch den kalten Schnee einer dunklen Winternacht, vorbei an einem erleuchteten Fenster. Wenn man davon ausgeht, dass es sich um ein Kirchenfenster handelt, dann suchen sie vielleicht nach dem Eingang, um etwas von der Wärme abzubekommen. Vielleicht haben sie ihre Suche aber auch schon längst aufgegeben und ihre traurige Situation widerspruchslos, kampflos bereits einfach akzeptiert.

Eine Kirche ist ein Ort des Seelenfriedens, der Versprechungen, des Trostes. Doch ist hier der Eingang nicht zu sehen. Dies kann andeuten, dass der innere Zugang zu einer Glaubenssituation noch nicht gefunden wurde. Die Fünf der Münzen signalisiert oft materiellen Mangel und den Verlust aller Hoffnungen auf Hilfe. Sie zeigt aber auch, dass selbst in den verfahrenen Situationen neue Wege gefunden werden, die zur Zeit noch nicht offen sind.

Die FÜNF DER MÜNZEN lässt dich wissen,

... dass es dir zur Zeit schwer fällt, dem Leben zu vertrauen.
... dass du die Realität der Gegenwart als sehr kraftraubend empfindest.
... dass du neue Wege und Auswege mit hohem persönlichen Einsatz suchst.
... dass du nur eine verschwommene Vorstellung davon hast, was dir zur Zeit wirklich fehlt.
... dass du lieber viele Probleme akzeptierst, als falsche Wege zu gehen.

Solltest du nach einer anderen Person gefragt haben: Mach doch mal das Licht an!

Eine kluge Zauberhexe hat irgendwann auch immer eine gute Taschenlampe dabei.

Eine harte Geduldprobe liegt vor dir – aber irgendwo findest du die Lösung und den richtigen Weg. Suchen!

Ihr lauft aneinander vorbei. Trotzdem nichts zu erzwingen versuchen.

Nimm es wie ein Puzzle – plötzlich passt alles zusammen.

VI DER MÜNZEN

Man kennt diesen prominenten Charakter von mittelalterlichen Ölgemälden und aus dem Geschichtsunterricht: den reichen Kaufmann und Bankier nach Art der Fugger – Meister im Nehmen, berechnend im Geben. In der linken Hand trägt er eine austarierte Waage – ein Zeichen, dass er im Geben und Nehmen auf Ausgeglichenheit bedacht ist und es nicht zulassen wird, dass eine der beiden Waagschalen Übergewicht bekommt. Einen prallen Geldbeutel hat er nicht bei sich. Man kann deshalb davon ausgehen, dass er nur die Münzen spendet, die er in seiner rechten Hand hat.

Die beiden Bettler knien nicht nur – sie haben darüber hinaus eine erwartungsvolle, demütige, ja unterwürfige Haltung eingenommen. Der linke hat Erfolg damit, kleine Goldstücke klimpern in seine offenen Hände. Der zweite Bettler scheint das Nachsehen zu haben. Jedenfalls sieht alles danach aus, als würde er leer ausgehen.

Die Sechs der Münzen macht deutlich, dass Geben und Nehmen zwar von bestimmten Grundpositionen ausgehen, dass es dabei aber immer viele Varianten gibt. Diese werden von Taktik bestimmt und davon, wer seinen Kopf im übertragenen Sinn oben oder unten behält.

Die SECHS DER MÜNZEN lässt dich wissen,

... dass du dich gerade in einer der drei gezeigten Positionen befindest.
... das du diese Rolle, egal welche, zur Zeit nicht schlecht findest.
... dass du dich für eine bestimmte Erwartungshaltung entscheidest.
... dass eine erwartungsvolle Haltung nicht unterwürfig sein muss.
... dass beim Geben und Nehmen das rechte Maß gewahrt sein muss.

Solltest du nach einer anderen Person gefragt haben: Überprüfe die Haltung, die sie einnimmt.

Eine kluge Zauberhexe kann verschiedene Kostüme tragen, ohne sich deshalb gleich mit deren Aussagen zu identifizieren.

Das, was du bekommst, ist nicht das, was du willst.

Hier gibt es Sympathie und Unterstützung für dich.

Toleranz und gegenseitiger Respekt sind ja auch schon etwas.

VII der Münzen

Die Karte zeigt einen Menschen, der im Garten arbeitet. Auf seine Schaufel gestützt, erkennt er mit Genugtuung, dass er gut gearbeitet hat: Ein prachtvoller Busch, der viele gesunde Früchte trägt, ist hoch gewachsen und gedeiht.

Durch seine Haltung macht der Gärtner klar, wie gut es sein kann, einfach die Ruhe zu behalten und die nötige Geduld aufzubringen, sich das, was da entstanden ist, ausgiebig zu betrachten. Er überlegt sehr genau, ob sich seine Arbeit wirklich gelohnt hat, und er sucht nach einer sinnvollen Verwendung der gewachsenen Früchte. Vieles geht dem Gärtner durch den Kopf. Gleichzeitig erkennt er, dass jetzt nur noch wenig von ihm getan werden muss – dieser Busch wächst nun auch von allein weiter …

Die Sieben der Münzen lässt dich wissen,
... dass du mit deiner Arbeit zufrieden sein kannst.
... dass du gerade überlegst, was hier im Busch ist.
... dass du mit dem Ergebnis deiner Arbeit etwas anfangen kannst.
... dass dir praktische, greifbare Resultate wichtig sind.
... dass du weißt, wann du eingreifen und wann du abwarten musst.

Eine kluge Zauberhexe schlendert hin und wieder sowohl durch ihre äußeren wie ihre inneren seelischen Gärten und betrachtet in Ruhe, was sich da entwickelt hat.

Warum denn immer alles und das sofort? Es geht auch langsamer.

Du musst dir Zeit nehmen und genau hinsehen.

Eigentlich lässt sich doch alles sehr, sehr gut an.

VIII der Münzen

Die Münzkarten stellen immer wieder das Thema Arbeit in unterschiedlichen Formen in ihren Mittelpunkt. Es gibt Menschen, die zu viel Arbeit haben und Menschen, die unter zu wenig Arbeit leiden; es gibt welche, denen Arbeit »stinkt«, und es gibt andere, die geradezu süchtig nach Arbeit sind. Egal, ob man zu viel oder zu wenig Beschäftigung hat, ob man der Arbeit aus dem Weg geht oder sie fast magisch anzieht – körperlich und seelisch krank kann man von allen Extremen dieser Varianten werden.

Um Arbeit wirklich als sinnvoll und das Leben bereichernd zu erfahren, darf man sich nicht ablenken lassen. Das zeigt hier sehr gut der Handwerker an seiner Werkbank: Ungestört und abgeschieden von den äußeren Einflüssen des Alltags kann er sich ganz auf seine Arbeit, seine Gedanken konzentrieren. Werte, die sich nur von außen aufdrängen, sollen deshalb auch draußen bleiben, um nicht von ihnen beherrscht zu werden. Um effektiv an einer Sache arbeiten zu können, muss man sich auch einmal abschotten und konzentriert auf seine innere Stimme hören. Erst dann hat man die Kraft, eigene Wertmaßstäbe zu entwickeln und ihnen dann auch zu folgen.

Die ACHT DER MÜNZEN lässt dich wissen,
... dass du versuchst, bei deiner Arbeit von außen nach innen zu dringen.
... dass dein Verständnis von Arbeit verbesserungsfähig ist.
... dass du über das Wort »Arbeit« nachdenkst und was es bedeutet.
... dass das Verständnis über den Wert der Mühe sehr früh zerstört werden kann.
... dass dein Qualitätsanspruch hoch ist.

Solltest du nach einer anderen Person gefragt haben: Diese Person entdeckt gerade ein ähnliches Geheimnis wie du.

Eine kluge Zauberhexe prägt ihre Münzen auf ihre Art.

Du hast etwas Kostbares zu geben: Finde heraus, worum es sich handelt.

Du willst zur Zeit lieber bei deinen eigenen Angelegenheiten bleiben.

Deine Umgebung ist ideal, genau das zu entwickeln, was in dir steckt.

IX der Münzen

Leger, aber kostbar gekleidet, stellt sich mitten in einem riesigen, von üppigen Weinstöcken überquellenden Garten eine Dame von kühler Eleganz und scheinbarer Unnahbarkeit vor. Sie besitzt vielleicht alles, was man sich nur wünschen und mit Geld kaufen kann. Kaum ein anderes Motiv könnte das Thema dieser Karte besser veranschaulichen als sie: Freiheit und Unabhängigkeit, aber auch seelischen und materiellen Wohlstand, sowie die angenehmen Seiten des Lebens, die man in vollen Zügen genießen kann. Ihr Begleiter ist ein Falke. Er trägt sein Falkenhäubchen, das ihn blind und seiner Herrin ergeben macht. Nur sie entscheidet, wann er sich frei zum Himmel schwingen darf; nur sie hat die Kontrolle und nur sie bestimmt über die Raubzüge, zu denen sie ihn aufsteigen lässt. Auf einen einzigen Wink von ihr wird er zu ihr zurückkehren. Die tiefe Einsamkeit, die diese Karte auch ausdrückt, ist kein Grund zur Sorge, denn sie ist absichtlich gewählt und wird ganz bewusst gelebt.

Die NEUN DER MÜNZEN lässt dich wissen,

... dass du dir eine Situation geschaffen hast, die sich stark von anderen unterscheidet.
... dass dir deine innere Stimme rät, keine Zugeständnisse zu machen.
... dass du trotz vieler unerfüllter Wünsche den Schlüssel zum Glück besitzt.
... dass dir die Zeit Recht geben wird.
... dass deine Unerreichbarkeit deine Stärke ist.

Solltest du nach einer anderen Person gefragt haben: Was sagt dein Falke? Denke mal darüber nach.

Eine kluge Zauberhexe kennt keine Damen mit Falken und ihr eigener Falke trägt ein Tarnhäubchen.

Du bist dabei, dir deine eigene Welt zu schaffen, und brauchst Ruhe.

Schöne Gefühle. Trotzdem möchtest du für dich sein.

Du wirst von Tag zu Tag unabhängiger und selbstsicherer.

X der Münzen

Wie der Alltag angeblich zu funktionieren hat, kann man täglich in der Werbung sehen. Der Rahmen ist schön, aber der Schein trügt. Diese Familie auf ihrem Rittergut hat solche Spielregeln schon lange verstanden und sich an die Normen, die andere entwickelten, angepasst. Den Sinn dieser Karte zu erfassen, ist schwierig. Ein Mann und eine Frau stehen unter einem Torbogen, ihr kleines Kind hält sich am Kleid der Mutter fest. Zwei weiße Hunde sind fasziniert von einem alten Mann, der allein für sich vor dem Torbogen sitzt. Drei Generationen sind hier versammelt. Man kann sicher sein, dass jede der Personen etwas anderes wahrnimmt. Die Gemeinsamkeit erwächst aus einer finanziell gesicherten, rein materiellen Welt.

Die Zehn der Münzen ist übersät mit Symbolen: Da sind die Münzen, die in ihrer Geometrie den kabbalistischen Lebensbaum darstellen, da sind die in Stein gehauenen Wappen, die Waage an der Wand und die vielen Ornamente auf dem Umhang des alten Mannes. Er ist es, der das Wissen um die im Alltag verborgenen Geheimnisse kennt.

Die ZEHN DER MÜNZEN lässt dich wissen,
... dass auch du in einer von mehreren Welten, im Hier und Jetzt lebst.
... dass du herausfindest, in welcher Welt deine Mitmenschen leben.
... dass du die Geheimnisse des Lebens in unmittelbarer Nähe spürst.
... dass du dir die Erfüllung deiner Wünsche anders vorstellst.
... dass es dir doch eigentlich hervorragend geht.

Solltest du nach einer anderen Person gefragt haben: Versuche herauszufinden, ob sie den Unterschied zwischen Werbung und Realität kennt.

Eine kluge Zauberhexe orientiert sich an der Werbung, sitzt aber gelegentlich vor dem Torbogen.

Wenn dir die Welt, in der du lebst, zu perfekt und glatt erscheint, dann suche die eine, in der du selbst etwas bewirken und verändern kannst.

Eine gute Zeit für unbeschwerte alte und neue Freundschaften.

Es gibt nichts, was deine Sicherheit stören könnte.

PAGE/BUBE DER MÜNZEN

Was tut ein junger Mensch, verwegen gekleidet, allein auf einem Hügel mit einer Münze? Man kann sich gut vorstellen, dass er sie gerade gefunden hat und dass ihre Größe für ihn ungewohnt ist und ihn zutiefst erstaunt. Zweifellos stellt er die Frage: Wem gehört sie? Muss er sie zurückgeben? Doch da kein anderer danach sucht, ist es seine, klar.

Ebenso klar ist, dass er etwas damit machen muss. Die außerordentlich seltene Situation, auf einem fernen Hügel eine ebenso seltene Münze zu finden, verpflichtet. Vielleicht hat sie ja das Schicksal dort hingelegt, um zu prüfen, wie intelligent dieser Junge ist. Vielleicht ist es seine Aufgabe, sehr geschickt damit umzugehen. Es könnte eine Botschaft damit verbunden sein, ein Auftrag, der nur ihn etwas angeht.

Der PAGE/BUBE DER MÜNZEN lässt dich wissen,
... dass du eine Spur findest, die dich zu dir selbst führt.
... dass du gerade die Grundlage legst für einen großen Erfolg.
... dass du eine Spur findest, die dich weiterbringt.
... dass du gut beobachten solltest, was man dir gerade anbietet.
... dass du annehmen solltest, was dir angeboten wird.

Solltest du nach einer anderen Person gefragt haben: Sie läuft dir nicht zufällig über den Weg.

Eine kluge Zauberhexe kann sich noch gut an ihre ersten »gefundenen Münzen« erinnern.

Du solltest lieber darüber nachdenken, um was es jetzt hier geht.

Es könnte ein Brief unterwegs sein.

Irgendetwas kommt ins Rollen und du bekommst eine neue Chance.

Ritter der Münzen

Der Ritter sitzt mit seiner Münze auf einem schwarzen Pferd, das fast im Boden verwurzelt zu sein scheint. Er strahlt Ruhe, Solidität und Sicherheit aus.

Er schaut über die Äcker, die bebaut worden sind und die seinen wertvollsten Besitz darstellen. Zur Erinnerung: Die Münzen verkörpern das Erdelement im Tarot und damit die Bodenständigkeit. Hier wird gründlich und verlässlich gearbeitet und der in sich ruhende Ritter kann sehr zufrieden sein: Die Gleichmäßigkeit der bestellten Felder zeugt von Fleiß, Ausdauer und Beharrlichkeit.

Der RITTER DER MÜNZEN lässt dich wissen,
... dass es dir Spass macht, deine erledigten Dinge zu betrachten.
... dass du besser etwas zu viel machst, als zu wenig.
... dass du nicht damit gerechnet hast, dass alles so gut läuft.
... dass dir deine jetzige Situation viel Klarheit bringt.
... dass du genug Geduld hast, Dinge wachsen zu lassen.

Solltest du nach einer anderen Person gefragt haben: Sie lässt sich Zeit und das ist auch gut so.

Eine kluge Zauberhexe kennt langsame und schnelle Zeiten.

Dir ist einfach nur langweilig, lass dir etwas einfallen.

Kann sein, dass es noch etwas dauert, bis die Gefühle erwidert werden.

Eine gute Zeit, einmal richtig aufzuräumen und wegzuwerfen, was für dich nicht mehr wichtig ist.

KÖNIGIN DER MÜNZEN

Siesta! Majestät haben sich zu einem ruhigen Stündchen im Park zurück gezogen. Warum auch nicht?

Ihre Rosen hat sie selbst mit viel Geduld gezogen und zudem wachsen lassen, was gerne wuchs. Sie weiß, dass sie viel Glück gehabt hat, und betrachtet ihre goldene Münze mit Dankbarkeit. Sie weiß aber auch, dass sie Glück gebracht hat und dass sie allen Grund hat, zufrieden zu sein.

Links neben ihrem Thron ruht sich ein kleines Kaninchen aus, das sich in der Gesellschaft der Königin überaus wohl fühlt. Es zeigt als Tier, das in Erdhöhlen lebt, den Bezug zum Element Erde und ist außerdem ein Symbol der Fruchtbarkeit.

Die Königin der Münzen lässt dich wissen,
... dass du unter einem gütigen Schutz stehst.
... dass dir deine Geduld und Sorgfalt reiche Früchte bringt.
... dass du zu einer besonderen Leistung fähig bist.
... dass dir Erfolg ohne inneres Einverständnis unwichtig ist.
... dass sich etwas Großartiges für dich abzeichnet.

Solltest du nach einer anderen Person gefragt haben: Es ist jemand, den du sehr respektierst und von dem du sehr respektiert wirst.

Eine kluge Zauberhexe genießt diese Situation außerordentlich.

Du bekommst das, was du dir aufrichtig gewünscht hast.

Du wirst beobachtet und erntest Bewunderung.

Wenn es dich nicht gäbe, wären einige Menschen ziemlich traurig.

König der Münzen

Anders als bei der Königin der Münzen gibt es hier nur scheinbar eine Ruhepause. Der Thron im Park ist direkt an der Gartenmauer aufgestellt und lässt den Blick zur nahen Burg oder Festung zu.

Der König scheint gelassen. Dennoch spürt man seine gesammelte Konzentration und den nachdenklichen Blick auf das für ihn Wesentliche: seine Münze. Auf seinem Mantel und in seinem Garten wachsen Trauben in üppiger Menge. Dieser Mann scheint also auch ein ausgesprochener Genießer zu sein und das Leben in vollen Zügen auszukosten.

Der König strahlt eine Ruhe aus, die von großer Selbstsicherheit gespeist wird. Er weiß sein inneres Gleichgewicht zu wahren und wird nichts und niemandem gestatten, diese Ruhe durcheinander zu bringen.

Der König der Münzen lässt dich wissen,
... dass dir deine innere Sicherheit gut bekommt.
... das du jetzt weißt, dass Ziele verwirklichbar sind.
... dass du nicht nur Erfolg hast, sondern ihn auch genießt.
... dass du dich selten so unabhängig gefühlt hast.
... dass du diese große Ruhe dir selbst verdankst.

Solltest du nach einer anderen Person gefragt haben: Diese Person wird sich durch nichts, das nicht ihren eignen Absichten entspricht, beirren lassen.

Eine kluge Zauberhexe pflanzt schon mal ein paar Weinstöcke an, denn man kann ja nie wissen ...

Du warst selten so souverän und gelassen.

Du erhältst genug Aufmerksamkeit, um dich großartig zu fühlen.

Behaupte deinen Platz und es wird dir gut gehen.

As der Kelche

Das As der Kelche zeigt die passive, zum Empfangen geöffnete Wolkenhand als Spenderin geheiligten Wassers, das unaufhörlich über den Rand des Kelches strömt.

Wasser steht im Tarot für Gefühl und hier gibt es einen Überfluss davon. Die weiße Taube mit ihrer Oblate (Hostie) deutet an, dass diese Gefühlswelten eine hohe geistige Dimension haben.

Ein See mit Seerosen hat immer einen sumpfigen Untergrund. Die Erneuerung des stehenden Wassers geschieht durch eine höhere, für uns nicht sichtbare Kraft.

Die sprühenden Wassertropfen lassen das Prickeln der Situation spüren, und du fühlst, dass du aus diesem überfließenden Kelch schöpfen kannst und die Chance hast, inneres Glück zu finden.

Das AS DER KELCHE lässt dich wissen,
... dass es dir leicht fällt, dieses Geschenk anzunehmen.
... dass du es genießt, solche Leichtigkeit zu empfinden.
... dass dein Fühlen aus einem Bereich kommt, der dir neu und doch vertraut ist.
... dass man dir anmerkt, dass du nichts zurück hältst.
... dass du dich kostbar fühlst und kostbar bist.

Solltest du nach einer anderen Person gefragt haben: »Zauberkräfte« sind am Werk.

Eine kluge Zauberhexe weiß, dass gute Gefühle nicht nur aus sichtbaren Quellen stammen.

Langsam wird es Zeit, dich glücklicher zu fühlen.

Wortloses Verstehen.

Alles läuft leicht und angenehm.

II der Kelche

Hier findet eine außerordentlich intensive Begegnung statt. Ein Löwenkopf mit Adlerschwingen in feurigem Rot, mit einem von Schlangen umwundenen Stab, schwebt über der Hand des schönen jungen Mannes.

Die junge Frau hält ihren Kelch mit beiden Händen fest und scheint fasziniert zu sein, dass ihr Gegenüber einen ebensolchen besitzt. Sie blickt auf die Hand, die der Jüngling ihr entgegenstreckt.

Im Hintergrund sieht man eine sanfte Hügellandschaft, ein kleines Haus zwischen Bäumen und Gebüsch. Fast könnte man glauben, es handele sich um eine gemalte Kulissenlandschaft, denn beide befinden sich auf einer seltsam begradigten Ebene, weit abgeschnitten vom beruhigenden Allerlei des Alltags.

Die elektrisierende Energie des Löwen verteilt sich gleichmäßig über den beiden Menschen. Sie befinden sich offensichtlich im Bann einer Kraft, die tief an ihre Gefühle rührt.

Die Zwei der Kelche lässt dich wissen,
... dass du eine faszinierende Begegnung erleben wirst oder bereits erlebst.
... dass du das dabei enstehende Gefühl als Verliebtsein empfinden kannst.
... dass du deinen Kelch sehr sorgfältig mit dem deines Gegenübers vergleichen solltest.
... dass du keine Chance hast, der Faszination zu entrinnen.
... dass du gerade begreifst, was das »Jetzt« bedeutet.

Solltest du nach einer anderen Person gefragt haben: Dein »Kelch« wird gerade sehr sorgfältig beobachtet.

Eine kluge Zauberhexe weiß, dass die Begegnungen in ihrem Leben Spiegelbilder ihrer Seele und deshalb sehr kostbar sind.

Mach die Augen auf.

Du erlebst eine Liebesgeschichte.

Zeiten für gute Partnerschaften.

III DER KELCHE

Inmitten von Früchten des späten Sommers feiern drei Frauen ein Erntedankfest. Ihr Tanz gibt der Freude Ausdruck, dass sich der Einsatz bei der Arbeit gelohnt hat. Ihr harmonisches Einverständnis war sicher die Voraussetzung für das Einbringen dieser reichen Ernte.

Das Emporhalten der Kelche ist eine Geste des Triumphs, die wir auch bei der Verleihung von großen Trophäen anläßlich von Sportmeisterschaften oft sehen können. Dies ist eine gemeinschaftliche Leistung, ohne Treppchen für den ersten, zweiten oder dritten Sieger.

Man sieht sehr deutlich, dass es keinen Konkurrenzkampf gibt. Selbst wenn vor der Ernte nicht immer alles harmonisch verlaufen sein sollte, so ist das Ergebnis doch beeindruckend.

Die DREI DER KELCHE lässt dich wissen,
... dass ein Fest eine gute Gemeinschaft noch stärker macht.
... dass bei großer gemeinsamer Freude das Einzelergebnis nicht mehr wichtig ist.
... dass ein gemeinsames Ziel ein einsames ersetzen kann.
... dass du nicht allein bist.
... dass du herausfinden sollst, in welche Gruppe du gehörst.

Solltest du nach einer anderen Person gefragt haben: Ihre Gruppe könnte deine Gruppe sein.

Eine kluge Zauberhexe weiß, dass die Mitgliedschaft in einer Gesellschaft oder Gruppe nur mit gleichen Zielen möglich ist.

Genieße die Gemeinschaft, die dich aufnehmen möchte.

So schön hattest du dir das alles nicht vorgestellt.

Du kannst dich rundherum wohl fühlen.

IV der Kelche

Auf dieser Karte sieht man einen nachdenklichen jungen Mann, der sich zu Füßen eines hohen Baumes auf einem Grashügel niedergelassen hat. Drei Kelche stehen nebeneinander aufrecht vor ihm. Er sitzt im Schneidersitz, hat die Arme verschränkt und ruht in sich selbst. Deshalb nimmt er gar nicht wahr, dass sich eine kleine »Wolkenhand« nähert, um ihm einen vierten Kelch anzubieten. Hier wird ein Geschenk angeboten. Die verschränkten Arme lassen vermuten, dass dieses Geschenk entweder ignoriert oder nur nach genauer Überlegung entgegengenommen wird.

Die guten Erfahrungen gegenseitigen Vertrauens in der Gemeinschaft, die auf der Karte Drei der Kelche gezeigt wurden, muss dieser Mann erst noch machen. Diese Karte zeigt auch, dass wir im Moment der Erfüllung unserer Wünsche ganz schnell missmutig werden können. Der vierte Kelch will uns davor warnen, eine Chance aufgrund unseres Überdrusses zu übersehen.

Die VIER DER KELCHE lässt dich wissen,

... dass dir irgendetwas entgangen ist und du weißt nicht, was.

... dass du dir unschlüssig bist, wie du mit einem Annäherungsversuch umgehen sollst.

... dass dir gerade jetzt etwas entgeht.

... dass du es genießt, dir deinen Weg freizuhalten.

... dass etwas zu viel des Guten ist.

Solltest du nach einer anderen Person gefragt haben: Werde nicht ungeduldig.

Eine kluge Zauberhexe öffnet im richtigen Moment die Augen und entscheidet spontan.

Du wolltest es doch so.

Kann sein, dass ein bisschen mehr Abstand nötig ist.

Im Augenblick hast du kein gutes Gefühl.

V der Kelche

Der »Darsteller« dieser Szene steht in einem durch einen schwarzen Strich begrenzten Feld. Drei Kelche sind umgestürzt, zwei stehen aufrecht da. Das Thema Trauer zeigt sich in dem dunklen Umhang, im gesenkten Kopf zwischen hochgezogenen Schultern.

Die umgestürzten drei Kelche erinnern an das Hochfliegen der Gefühle, die auf der Drei der Kelche zu sehen war. Die aufrecht stehenden Kelche, denen unsere Person den Rücken zuwendet, erinnert an die Zwei der Kelche, die mit einer faszinierenden Begegnung verknüpft war. Sie zeigen uns, dass es auch aus der Trauer einen Ausweg gibt, selbst wenn wir dies in unserem großen Schmerz zur Zeit nicht richtig wahrnehmen.

Im Hintergrund sieht man einen stetig fließenden Fluss, eine Brücke und auf der anderen Seite des Flusses ein wenig einladend wirkendes Haus.

Die Fünf der Kelche lässt dich wissen,

... dass du ein Schauspieler in einem selbst gewählten Stück bist.

... dass ein dramatischer Monolog dich in dieser Rolle nur hervorhebt.

... dass du deine Zuschauer begeistern könntest, indem du nach »Durchleiden« der Rolle den dunklen Umhang abnimmst.

... dass du deine beiden aufrechten Kelche noch gut brauchen kannst.

... dass es dir wichtig ist, alle deine Empfindungen kennen zu lernen.

Solltet du nach einer anderen Person gefragt haben: Sie kommt vor in deinem Stück und du kommst vor in ihrem Stück.

Eine kluge Zauberhexe sammelt alle wesentlichen Erfahrungen, auch die des Verlusts.

Vielleicht traurige Musik hören, traurige Bücher lesen und einen schwarzen Pullover tragen.

Es sieht nach Liebeskummer aus.

Vielleicht fetzige Musik hören, Comics lesen und bunte Klamotten tragen – und heimlich nach einem vertrauenswerten Gesprächspartner suchen.

VI der Kelche

Weiches Gelbgold umhüllt die Gebäude, den Platz, die Kelche und die kleine Frau gleichermaßen: sonnendurchstrahlte Wärme.

Dies ist die Karte der Erinnerung an die Zeit unseres Lebens, in der das Zuhause von den zuverlässigen warmen Gefühlen geprägt wird, geliebt und willkommen zu sein. Die Blumen in den Kelchen stehen für die Liebe, die wir in unserer Kindheit erfahren haben und die weit bis in unser Erwachsenenalter hineinreicht.

Die Karte zeigt, dass wir an jener Station unseres Lebens Kontakt mit unseren Wurzeln aufnehmen, vielleicht auch auf Menschen treffen, in deren Umfeld die gleichen »Kelche« zu finden sind, die wir als Kinder so unentbehrlich fanden. Jetzt, da das Kind groß ist, überreicht es der Mutter aus Dankbarkeit einen Kelch mit Blumen. Da es Winter ist – die Frau trägt dicke Fäustlinge – kann es sich um ein Aufflammen der Erinnerungen während einer »frostigen« Periode unseres Lebens handeln.

Die SECHS DER KELCHE lässt dich wissen,

... dass du dir wünschst, auch innerlich zuhause anzukommen.

... dass du ein Gefühl erlebst, das dich weit in die Vergangenheit zurück trägt.

... dass deine Gefühle sehr sorgsam gehütet sind.

... dass sich in deinem Erleben etwas wiederholt.

... dass du dein Gegenüber nicht verwechseln solltest.

Solltest du nach einer anderen Person gefragt haben: Versuche herauszufinden, um welche »Topfpflanze« es sich handelt.

Eine kluge Zauberhexe sorgt dafür, dass sie auch im Winter ein »Blümchen« hat.

Kauf dir von deinem Taschengeld eine Topfpflanze und gib ihr einen Namen: Lass sie dein Orakel sein.

Viele süße Gefühle schwirren durch die Luft.

Es ist nicht mehr genauso wie früher, aber etwas Schönes bleibt.

VII der Kelche

Auf dieser Karte bist du der Platzanweiser im Kino und begleitest dich selbst in einen Film deiner eigenen Wahl. Während du gebannt auf die Leinwand starrst, verschluckt das bildgefüllte Licht des Projektors deinen Körper. Er wird zu einem Schatten der Unwirklichkeit.

Sieben Kelche präsentieren Symbole für unbekannte Götter, Glück und Gefahr, Schönheit, Reichtum und Verführung, Ehrung und archaische Urgewalten. Aber sei vorsichtig: Die unwirklichen Bilder können eine Täuschung sein, eine Illusion, und dazu verleiten, sich falsche Hoffnungen und Vorstellungen zu machen.

Die SIEBEN DER KELCHE lässt dich wissen,
... dass du dich von Träumen oder Träumereien gefangen nehmen lässt.
... dass eine Flut neuer Vorstellungen dich fasziniert.
... dass du herausfinden musst, welche Aufführung du gerade sehen möchtest.
... dass du dich für dich oder gegen dich entscheiden kannst.
... dass du deinen Film selbst ausgesucht hast.

Solltest du nach einer anderen Person gefragt haben: Hoffentlich glaubt sie nicht, dass du in einem Kelch zuhause bist.

Eine kluge Zauberhexe genießt ihren Film.

Wach auf, wach auf!

Lass dich betören, aber glaube nicht alles.

Lass dich nicht hereinlegen und auch nicht belügen.

VIII der Kelche

In seltenen Augenblicken führt uns die Natur durch ein besonderes Ereignis zu einer außergewöhnlichen Erkenntnis. Auf dieser Karte vollzieht sich die Wandlung, der Mond schiebt sich vor die Sonne und verdunkelt sie.

Ein Mann bricht auf und hinterlässt eine Reihe wohl geordneter Kelche. Die Anordnung weist aber eine Lücke auf. Dieser Person fehlt etwas in seinem Leben, und deshalb geht sie weg aus der gewohnten Umgebung, um sich auf die Suche danach zu machen. Es ist ein Aufbruch ins Ungewisse, der schweren Herzens geschieht, was durch die Sonnenfinsternis verdeutlicht wird.

Der Mann verlässt die Sicherheit und die alltägliche Routine, um alle Möglichkeiten auszunutzen, sich selbst kennen zu lernen.

Dazu gehört großer Mut und eine starke Liebe zum Leben.

Die ACHT DER KELCHE lässt dich wissen,
... dass dir etwas fehlt.
... dass du wählen musst zwischen Routine und Unbekanntem.
... dass dir deine Kelche erhalten bleiben.
... dass du innere Gewissheit brauchst, bevor du aufbrichst.
... dass du bereit bist, vorwärts zu gehen.

Solltest du nach einer anderen Person gefragt haben: Diese Person begibt sich auf ihren Weg.

Eine kluge Zauberhexe weiß, dass der Zeitpunkt der Sonnenfinsternis für jeden Menschen verschieden ist.

Du hast Recht, wenn du gehst.

Das war ja wohl nicht der große Erfolg. Aber der kann noch kommen.

Wähle deinen eigenen Weg und gehe ihn.

IX der Kelche

Eine seltsame Parade von Kelchen umgibt die Person, die äußerst zufrieden wirkt. Die neun Kelche stehen fein sortiert auf einem Podest, das mit einem blauen Überwurf bedeckt ist und das sich wie eine halbrunde hohe Mauer um den Besitzer zieht.

Wir erinnern uns, dass Kelche für unsere Gefühle stehen. Hier hat jemand gründlich Ordnung geschaffen. Die Kelche erhielten einen Platz zugewiesen, der auch jedem zufälligen Besucher klarmacht, dass hier klare Verhältnisse geschaffen wurden.

Der Held der Szene verschränkt beide Arme ineinander. Ein Zeichen, dass er zur Zeit in sich ruht und nicht daran denkt, aktiv zu werden. Die Zeit zum Feiern ist gekommen. Allerdings: Er verschließt symbolisch seinen Solarplexus, den Ort unseres Körpers, der unsere Gefühle verwahrt.

Die NEUN DER KELCHE lässt dich wissen,
... dass du jetzt dein Leben genießen möchtest.
... dass du dich selbst täuschen könntest.
... dass du eine Menge schöner Gefühle sehr vorsichtig aufbewahrst.
... dass du gespielte Freude besser findest als gar keine.
... dass du etwas mehr Chaos bräuchtest, um glücklich zu sein.

Solltest du nach einer anderen Person gefragt haben: Lasse dich von diesem Ordnungsfanatiker nicht anstecken.

Eine kluge Zauberhexe putzt mit Vorliebe ihre Kelche, aber sie braucht sie nicht für ihr Podest.

Wenn du ständig behauptest, das es dir supergut geht, brauchst du dich nicht zu wundern, wenn man es glaubt.

Alles geht gut, solange es dir gut geht.

Vielleicht ist es nicht genau das, was du möchtest, aber dafür ist es unproblematisch.

X der Kelche

Das Paar, das sich fürs Leben gefunden hat, begrüßt beglückt den Regenbogen, der zehn makellose Kelche an einem makellosen blauen Himmel zeigt. Die Kinder tanzen in Freiheit und dem Wissen des Geliebtwerdens.

Die Karte symbolisiert die Erfüllung der Wünsche, die uns unsere Gefühle eingeben. Es liegt eine besondere Freiheit in diesem Bewusstsein, zueinander zu gehören und aus einem gemeinsamen Kraftpotenzial schöpfen zu können. Dass dies selten ist, wird durch den Regenbogen gezeigt, dessen Erscheinen am Himmel auch heute noch von den Menschen wie ein Glückszeichen gedeutet wird. Auch zeigt diese Karte, dass die bewusst gelebte Gegenwart viele Regenbogen bereithält.

Die ZEHN DER KELCHE lässt dich wissen,
... dass du in einem besonders guten Einklang mit deiner Umgebung bist.
... dass du frei sein kannst mit anderen und sie mit dir.
... dass sich deine Wünsche erfüllen werden.
... dass du dein Leben zur Zeit sehr genießt.
... dass du nicht allein bist.

Solltest du nach einer anderen Person gefragt haben: Ihre Wünsche sind deine Wünsche.

Eine kluge Zauberhexe weiß zwischen einer Fata Morgana und einem Regenbogen zu unterscheiden.

Der Regenbogen erscheint extra für dich.

Was willst du mehr? Rosige Zeiten sind angebrochen.

Gute, gute Zeiten.

PAGE/BUBE DER KELCHE

Das Seltsame an diesem Bild ist die Geschichte, die erzählt wird. Es ist die merkwürdige Geschichte eines jungen Menschen, der gerade eben noch mit einem leeren Kelch dastand, und ganz plötzlich befand sich darin ein Fisch. Oder ist es die Geschichte eines Fisches, der eben noch frei und unbeschwert im Meer sich seines Lebens freute und dann aus Versehen in einen Kelch sprang? Um welche Geschichte es sich hier handelt, ist ganz unwichtig angesichts der Tatsache, dass Mensch und Fisch einander entdecken und sich in die Augen schauen.

Vielleicht ist es ein verzaubertes Wesen, das tapfer Fischgestalt angenommen hat und absichtlich in den Kelch gesprungen ist. Vielleicht ist der Fisch ein Bewahrer alter Dinge und der junge Mensch ein besonderer Bote neuer Zeiten, der solche Geschehnisse begreifen lernen muss.

Der PAGE/BUBE DER KELCHE lässt dich wissen,
... dass dir deine Gefühle neue aufregende Botschaften vermitteln.
... dass sich dir eine neue Art zu fühlen eröffnet.
... dass dich deine Gefühle beschwingen.
... dass jemand wirklich alles versucht, um dir zu zeigen, dass du gemeint bist.
... dass es sich um eine Liebesgeschichte handeln könnte.

Solltest du nach einer anderen Person gefragt haben: Möglicherweise sitzt sie bereits in deinem Kelch.

Eine kluge Zauberhexe freut sich immer wieder über die seltsamen Zufälle in ihrem Leben.

Du bist einfach etwas verletzlicher als sonst und das ist okay.

Trau dich und erlebe eine schöne verliebte Zeit.

Etwas Neues ereignet sich und bezaubert dich.

RITTER DER KELCHE

Der Ritter auf seinem weißen Pferd wirkt wie ein Gesandter, der unterwegs ist, eine Geste der Versöhnung zu bringen. Oder auch eine Einladung dorthin, wo Feier und Fröhlichkeit sind. Vielleicht ist er auch geschickt worden, um einer unklaren Vorstellung konkretere Formen zu geben. Natürlich könnte er auch in eigener Sache unterwegs sein.

Sein geflügelter Ritterhelm deutet an, dass er seinen Gedanken durchaus »Flügel verleihen« kann. Das heißt, dass seine Anliegen im Bereich der Phantasie und der Kreativität – Malerei, Musik, Film etc. – zu suchen sind.

Wenn man ihn näher betrachtet, fällt auf, dass er etwas scheu wirkt und sehr ergriffen ist von der Botschaft, die er überbringt. Man könnte ihn auch als introvertiert und konzentriert bezeichnen.

Dennoch wird er sein Anliegen verwirklichen und seinen Kelch an den Ort seiner Bestimmung bringen. Dieser Ort könnte ein Schnittpunkt zwischen Realität und Phantasie sein.

Der RITTER DER KELCHE lässt dich wissen,
... dass sich neue Zeiten für dich ankündigen.
... dass du einen Traum verwirklichst.
... dass du in eine sehr schöne Begegnung verstrickt bist oder wirst.
... dass du ein besonderes Geschenk zu geben hast, das nur du geben kannst.
... dass dir ein solches Geschenk gemacht wird.

Solltest du nach einer anderen Person gefragt haben: Hier hegt jemand sehr freundliche und liebevolle Gedanken für dich.

Eine kluge Zauberhexe begrüßt den Ritter bereits von weitem und ist gespannt auf das Geschenk.

Du bist unterwegs und du wirst ankommen.

Genieße eine schöne Begegnung.

Eine gute Gelegenheit, alte Streitereien hinter sich zu lassen.

Königin der Kelche

Die Königin weiß, dass ihr Kelch anders ist als alle anderen. Er ist komplizierter konstruiert und scheint nur für sie bestimmt zu sein. Dass ihr Kelch anders ist, soll vielleicht nicht jeder wissen. Er hat große Ähnlichkeit mit einem sakralen Gefäß. Die Königin sitzt auf einem Thron, der eine schützende Nische um sie bildet: eine Grotte mit eingearbeiteten Putten. Sie hält ihren Kelch liebevoll in beiden Händen und betrachtet ihn versunken. Dies nennt man wahre Konzentration auf das innere Sehen.

Während dieses meditativen Versenkens scheint diese Königin immer stärker zu werden, Wasser umspült ihre Füße, ihr Umhang gleicht einem Wasserschleier.

Sie begreift ein Geheimnis, das im »Anderssein« begründet ist. Aus diesem »Anderssein« gewinnt sie eine große Stärke. Ob sie wohl im Begriff ist, dies in etwas Konkretes umzusetzen oder ob sie ihr Geheimnis für sich behält?

Die KÖNIGIN DER KELCHE lässt dich wissen,

... dass du eine große Faszination für das Phantastische spürst.

... dass du ohne Kompromisss bereit bist, dich dir selbst zu nähern.

... dass du beginnst, in Bildern zu denken.

... dass eine seltsame Phase großer Veränderungen ansteht.

... dass du dich mit meditativen Bereichen befassen möchtest.

Solltest du nach einer anderen Person gefragt haben: Sieh ihr in die Augen, vielleicht entdeckst du dann ihr Geheimnis.

Eine kluge Zauberhexe stößt immer wieder auf versiegelte Kelche, die auf Enträtselung warten.

Lass zu, dass sich etwas in dir öffnet und neu gestaltet.

Vielleicht nur eine schöne Vorstellung, vielleicht eine Zeit, Geheimnisse zu entdecken.

Es gibt viele neue Wünsche und Ideen und Träume ...

König der Kelche

Diese Majestät scheint schwer erreichbar. Sein, des Königs Thron befindet sich mitten in den Wellen auf einer steinernen Thronplatte. Springende Fische, in der Ferne ein Segelboot: Es ist zu spüren, dass dieser König in seiner Wasserwelt einer komplizierten Aufgabe nachgeht. Die Festigkeit seines Throns steht im Gegensatz zur Flüssigkeit der Wasserwelt für das Konkrete und Materielle.

Ein Mensch, der die oft schwer definierbaren Gefühlswelten beherrschen will oder sogar muss, wie es hier möglicherweise von diesem König verlangt wird, braucht Abgeschiedenheit und Kraft und Klarheit.

König ist derjenige, der auf einer fernen Insel der Schönheit lebt, der seine Träume lebt und der Phantasie das Überleben ermöglicht.

Der KÖNIG DER KELCHE lässt dich wissen:
... dass du zur Zeit seltsame Wahrnehmungen hast.
... dass du dich sicher in einer Zauberwelt bewegst.
... dass du nur für Auserwählte erreichbar bist.
... dass der feste Grund, den du unter dir spürst, nur für dich bestimmt ist.
... dass du dir einen Platz sicherst, der für andere gar nicht vorhanden ist.

Solltest du nach einer anderen Person gefragt haben: Du wirst ein besonderes Segelboot brauchen, um sie zu erreichen.

Eine kluge Zauberhexe hat schon so manche dieser »schwimmenden Felsplatten« gesichtet und dem »Inselbewohner« ihren Respekt bekundet.

Du fühlst dich weit weg von allem und bist es auch.

Du empfindest Nähe, obwohl du weit entfernt bist von der Person deiner Wahl.

Versuche, dich verständlicher auszudrücken, und mach dich bemerkbar.

Befragen des Orakels

Betrachte die Tarotkarten als ein kulturgeschichtliches Phänomen, das nun in deine Hände gelangt ist.

Sie sind kein Spielzeug, sondern werden dich ab und zu auf Abschnitten deines Lebensweges begleiten, dir einen Spiegel vorhalten, in dem du dich in deinen ständigen inneren Veränderungen wiederfinden kannst.

Wenn du die Tarotkarten befragen möchtest, ziehst du dich am besten zurück; sorge dafür, dass dich niemand stört, und sei sicher, dass du dich in diesem Moment auch wirklich selbst finden möchtest. Du kannst dein Zimmer ein wenig abdunkeln, vielleicht eine Kerze anzünden und eine entspannende Musik auflegen, damit eine ruhige Atmosphäre entsteht. Schaffe Platz auf deinem Tisch und öffne erst dann das Kartenpäckchen.

Während du über deine derzeitige Situation und deinen Gefühlszustand nachdenkst, kannst du damit beginnen, die Karten zu mischen. Entweder nimmst du sie dafür in die Hand, oder du legst sie verdeckt auf den Tisch und schiebst sie so lange durcheinander, bis du sicher bist, dass sie gut durchgemischt sind. Manche Menschen bezeichnen diese Vorgehensweise auch als »Aufladen« der Karten: Eine unsichtbare Energie soll sich während des Mischens zwischen dir und den Karten entwickeln, und je höher deine Konzentration ist, desto erstaunlicher werden später die Antworten auf deine Fragen sein.

Du kannst die Tarotkarten im Grunde alles fragen, sogar, wo sich dein verlegtes Schlüsselbund befindet. Allerdings brauchst du dafür auch ein schnelles Assoziationsvermögen, um den Gestalten der Karten den Ort des verlorenen Gegenstandes zu entlocken.

Denke also nicht, dass du das Tarot mit lächerlichen Fragen belästigen könntest. Allein deine Ernsthaftigkeit entscheidet über die Beantwortung einer Frage.

Manchmal möchtest du auch keine bestimmte Frage stellen, sondern lediglich wissen, in welcher Phase deines Lebens du dich gerade befindest. Gerade für diese und ähnliche Situationen eignet sich als Legesystem das LABYRINTH besonders. Auch wenn dich Schulnoten oder Klassenarbeiten ängstigen, kannst du dieses System anwenden, wie du es überhaupt mit der Zeit als dein bevorzugtes Legeschema verwenden solltest.

Überlege während des Mischens der Karten, welches Legesystem du anwenden willst. Ziehe dann die entsprechende Anzahl von Karten mit der linken Hand, da die linke Seite der Körpers die intuitive Seite ist. Doch spricht auch nichts gegen das Benutzen der rechten Hand, wenn dir diese lieber ist. Lege die Karten auf die vorgeschriebenen Positionen.

Beispiel für Legesysteme findest du auf den folgenden Seiten und als Eselsbrücke kannst du sie dir entsprechend auf große Bogen Zeichenpapier oder farbigen Karton übertragen. Du nimmst eine Karte oder die Verpackung und zeichnest vorsichtig die einzelnen Legeplätze auf. Dann kannst du dir, um es für den Anfang etwas einfacher zu machen, noch zusätzlich die Anweisungen darüber schreiben; z. B. bei Platz 1 des Labyrinths: An welchem Punkt des Labyrinths befinde ich mich?

Diese vorbereitenden Übungen sind sehr wichtig, um dich und das Tarot aufeinander einzustimmen und dir die Ruhe zu verleihen, das Orakel zu befragen.

Die ausgelegten Karten deuten

Je nach Legesystem hast du natürlich unterschiedlich viele Karten zu deuten. Besonders wichtig ist es, sofort einen Eindruck davon zu erhalten, ob dir die Karten auch eine Antwort auf deine Fragen zeigen. Selbst wenn du die Karten zu Beginn noch sehr wenig kennst, wird dir dein Gefühl sofort vermitteln, ob durch die Karten etwas abgebildet wird, das mit deiner Frage zu tun hat.

Dabei lohnt es sich, die Karten der Bedeutung ihres Platzes entsprechend wirklich ganz gründlich zu betrachten. Gerade bei den Kleinen Arkana zeigen die Bilder eine ganz bestimmte Situation oder Stimmungslage, die du möglicherweise sofort als eine deiner Stimmung entsprechende erkennst. Zu jeder einzelnen Karte suchst du dir dann die Bilderklärungen heraus und schaust, ob eine oder mehrere Angaben darin auf dich zutreffen. Suche nach der für dich wichtigsten Aussage.

Manchmal geschieht es, dass du nur oder fast nur Karten der Großen Arkana gezogen hast. In diesem Fall sollst du die Aussage besonders ernst nehmen oder, positiver ausgedrückt, dich darüber freuen. Eine solch seltene Ziehung könnte nämlich als »offenes Tor« bezeichnet werden. Betrachte dies immer als Zeichen, dass du in einer Durchbruchstimmung bist und diese nutzen solltest. In den Großen Arkana sieht man viel stärker als in den Kleinen Arkana Entwicklungen – wie einen Schritt nach dem anderen im Bemühen um Erkenntnis. In den Großen Arkana sind diejenigen Bilder enthalten, die man auch aus den alten Mythen kennt. Wie dort wird gerade bei diesen Karten eine typische Doppeleigenschaft auffallen. Vielleicht heißen sie deshalb Große Arkana, nämlich große Geheimnisse.

Wenn du also viele Karten der Großen Arkana gezogen hast, bedeutet das auch besondere Chancen. Besondere Chancen bedeuten manchmal auch besondere Prüfungen deiner Persönlichkeit.

Die Kleinen Arkana sagen in erster Linie etwas zu den Angelegenheiten des Alltags aus. Mit der Zeit stellt sich heraus, dass die Aussagen der Großen Arkana erst durch die Aussagen der Kleinen Arkana verständlich werden.

Es kann passieren, dass du die Karten von Anfang an unverständlich findest oder überhaupt keinen Zugang zu ihrer Aussage bekommst. Dann kannst du entweder die Kartenbefragung ganz abbrechen, oder du machst dir die Mühe zu überlegen, ob dich zur Zeit vielleicht ganz andere Dinge beschäftigen, als du zugeben möchtest.

Es ist hilfreich, wenn du dir deine Frage aufschreibst und überprüfst, ob sie deutlich formuliert ist. Einfacher ist es, sie mit einem Stichwort aus der Bildbeschreibung zu kombinieren. So kannst du dir eine genauere Fragebasis für eine zusammenhängede Aussage schaffen, die du am Ende deiner Deutung treffen kannst:

Wenn also DER MAGIER erscheint, notierst du dir zum Beispiel: Handeln oder beim RAD DES SCHICKSALS: Chancen.

Nimm auf jeden Fall immer Begriffe, mit denen du etwas anfangen kannst und von denen du am Schluss noch weißt, was du damit gemeint hast.

Ordne die Stichworte innerhalb des Legesystems nach Bedeutung des Legeplatzes.

Lass dir Zeit; mit etwas Übung wirst du mit dieser Hilfe bald gute Ergebnisse erzielen.

Manchmal wirst du nach längerem Grübeln feststellen, dass du eine Frage anders anpacken und sie ganz neu formulieren musst. Überprüfe auch öfter einmal, ob du dich von einer ganz bestimmten positiven oder negativen Erwartung beeinflussen lässt.

Vergiss auch nie, dass Orakel Bilder sind, die sich nie mit dem Verstand allein erklären lassen. Es spielt immer eine große Rolle, welche Wünsche und Gefühle du hast, wenn du die Karten deutest.

Was tun, wenn dir eine oder mehrere der ausgelegten Karten nicht gefallen?

Wenn die Karte z. B. nicht zum Platz oder zur Frage passt, kannst du dich entscheiden, sie zur Seite zu legen. Suche dir aus dem Reststapel eine neue Karte, natürlich verdeckt, und lege sie auf den Platz. Du kannst die unerwünschte Karte natürlich auch noch einmal in den Stapel geben, diesen erneut mischen und dann ziehen.

Auf jeden Fall aber solltest du herausfinden, warum dir die ausgetauschte Karte nicht gefallen hat. Vielleicht hast du den Eindruck, die Antwort war nicht richtig, und du erbittest mit der neuen Karte eine passendere.

Das gilt natürlich nicht, wenn du die Karte austauschen möchtest, weil dir ihre Aussage einfach unangenehm ist oder nicht passt: Der Gang durch das Labyrinth erfordert eben auch den Mut, sich selbst so zu sehen, wie man tatsächlich ist. Oder dass eine Situation weniger positiv ist, als du wünschst.

Wird eintreten, was die Karten zeigen?

Wenn du etwas Erfahrung mit den Tarotkarten gesammelt hast, wirst du bemerken, dass viele Ereignisse so eintreten, wie du sie im Orakelspiel vorausgesehen hast. Es kommt aber in jedem Fall auf dein Gefühl bei der Kartenauslegung an, achte also sehr sorgfältig darauf, dich nur auf das Tarot zu konzentrieren. Nur deine Gefühle können dir signalisieren, was jetzt für dich wichtig ist und was nicht.

Wenn du vor einem negativen Ereignis Angst hast, wird sich das auch in den Karten niederschlagen. Mache dann eine Pause und versuche, deine Gedanken positiv zu beeinflussen. Geh zum Sport, mache Musik, triff dich mit Freunden und unternimm einfach alles, um dich mit positiver Energie aufzuladen. Sei der Magier des Tarot: Befiel deinen negativen Gedanken entschieden und energisch zu verschwinden.

Erst wenn du wieder positiv gestimmt bist, solltest du die Karten erneut befragen und kannst so erfahren, wie du deinem Leben wieder eine positive Richtung gibst.

Solltest du viele dich positiv stimmende Karten gezogen haben, dann freue dich darüber. Denn durch die Gefühle, die diese Karten auslösen, entsteht eine Energie, die das Positive geradezu anzieht.

Die Tarotkarten spiegeln vor allem ein Bild deiner inneren Stimmung wider und für die Entwicklung von Ereignissen ist es besonders wichtig, gerade diese zu kennen.

LEGESYSTEME

Das Labyrinth

Seit vielen tausend Jahren haben Labyrinthe eine besondere Bedeutung für die Menschen, denn sie führen immer wieder auf genügend bekannte Wege zurück, bis man erst durch Erfahrung und neue Erkenntnis den Ausgang findet. In der Antike war das Labyrinth ein Pfad, der getanzt wurde und das gefühlsmäßige Begreifen der Menschen um Tod und Wiedergeburt beinhaltete.

Ein Legesystem in Form eines Labyrinths ist von daher gut dazu geeignet, das Tarot zu begreifen. Nach vielen Umwegen kommt man zunächst ins Zentrum, eine Sackgasse, wo man zwangsläufig auf sich selbst stößt. Hier muss man sich besinnen, um nicht kopflos weiter herumzuirren, sondern den Ausgang zu finden und damit die Lösung.

Die ersten drei Karten im Labyrinth zeigen dir deine derzeitige Situation, während dir die zwei mittleren Karten das Spannungsfeld zwischen Erfahrungen aus der Vergangenheit und Erwartungen für die Zukunft vor Augen führen. Der Ausgang wird dann von den drei Schlusskarten angedeutet, die dir auch gleichzeitig Hinweise darauf geben, wie du dich in einer bestimmten Situation verhalten kannst oder solltest.

Solltest du feste Vorstellungen davon haben, was dich so erwartet auf dem verschlungen Weg durch das Labyrinth, dann kannst du gespannt darauf sein, ob deine Vorstellungen eintreten oder ob du ganz andere Dinge siehst, die du vielleicht vorher einfach nicht wahrhaben wolltest.

Lege die Karten nach dem Schema auf der folgenden Seite aus und frage jeweils laut oder leise, bevor du die Karte auf ihren Platz ablegst.

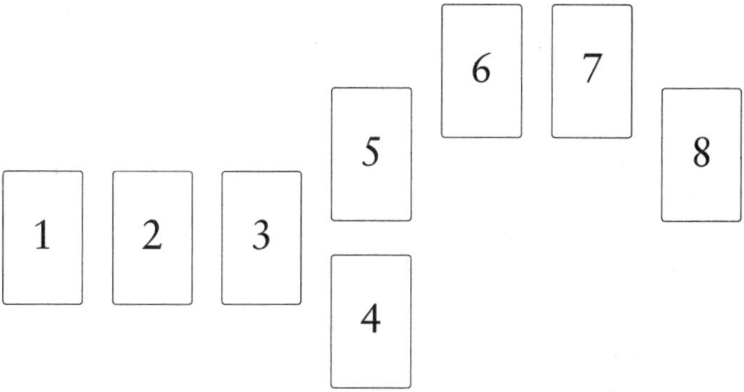

1. An welchem Punkt des Labyrinths befinde ich mich?
(Welches ist mein gegenwärtiger Standpunkt? Wie ist meine Gegenwart beschaffen?)

2. Welche Abzweigung möchte ich wählen?
(Wie würde ich mich jetzt normalerweise verhalten oder wie würde ich mich jetzt gerne verhalten? Welche Richtung wähle ich?)

3. Was kann ich dort erfahren?
(Was wäre die Konsequenz meiner Entscheidung?)

4. Welches Bild habe ich schon einmal gesehen?
(Wie wird meine gegenwärtige Sicht der Situation durch meine Erfahrung in der Vergangenheit bestimmt?)

5. Welches Bild möchte ich gerne kennen lernen?
(Diese Erfahrung würde ich gerne einmal machen.)

6. Welche Herausforderung stellt mir das Labyrinth?
(Dies ist die Situation, die geklärt werden soll oder die auf mich zukommen könnte.)

7. Wie meistere ich diese Herausforderung?
   (Hier bemühe ich mich, einer Herausforderung standzuhalten.)

8. Was muss ich besonders beachten?
   (Über die Aussage dieser Karte sollte ich noch einmal besonders nachdenken. Hier wird mir ein Schwachpunkt oder eine besondere Chance gezeigt.)

Diese Auslage ist zu Beginn nicht immer einfach zu verstehen, aber mit der Zeit, je ernster du dich und deine Fragen nimmst, wirst du immer besser damit umgehen.

Wünschen – Bekommen
Überraschen lassen

Dies ist ein Legebeispiel, das sich besonders gut für Parties, Treffen mit Freunden oder aber einfach für einen Abend im Familienkreis eignet.

Schon an den Zuordnungen zu den einzelnen Karten kannst du erkennen, dass es weniger ernst, sondern als fröhliches Spiel gemeint ist und alle dazu auffordert, nicht zu ernst zu sein.

Nach dem Mischen werden drei Karten verdeckt gezogen. Für jede Person muss der Stapel natürlich neu gemischt werden.

Beim Ablegen der Karten sagst du dann laut oder leise zu dir selbst:

1. Das ist es, was ich mir wünsche.
2. Das ist es, was ich bekomme.
3. Das ist es, womit ich nicht gerechnet habe.

Du wirst dich vermutlich wundern, was man sich so alles wünschen kann …

Vergiss jedoch nicht, dass solche Aussagen keine ewige Gültigkeit besitzen.

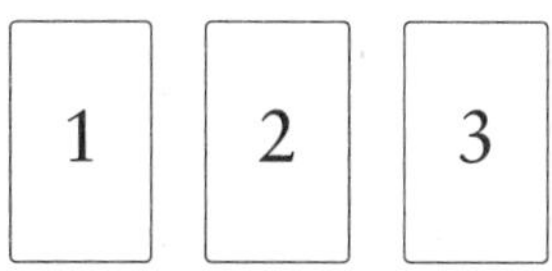

Er/Sie liebt mich – liebt mich nicht.

Zeitweise kann diese Frage einem ziemlich zusetzen, auch wenn man mit dem/der Betreffenden nur einen tiefen Blick auf dem Schulhof getauscht hat. Riskieren wir doch einfach, ob die Antworten, die man aus diesem Legesystem zieht, den Hummeln im Bauch Klarheit verschaffen.

Du mischst die Karten, denkst an die betreffende Person und sagst bei der Kartenverteilung laut oder leise:

1. So sieht mich diese Person.
2. So sehe ich diese Person.
3. So hätte mich diese Person gerne.
4. So hätte ich diese Person gerne.
5. Das ist es, was mich diese Person wissen lassen möchte.
6. Das ist es, was ich diese Person wissen lassen möchte.
7. Das ist das Bild, das wir gemeinsam gerade betrachten.
   Die Aussage dieser Karte entscheidet dann über Liebesleid oder Liebesfreud.
   Ein Volltreffer wäre natürlich die Karte DIE LIEBENDEN oder die ZWEI DER KELCHE. Es gibt aber noch andere sehr positive Karten, aber diese beiden sind die bedeutendsten. Die Karte an dieser Stelle verdeutlicht, an welchem Punkt man am meisten übereinstimmt.

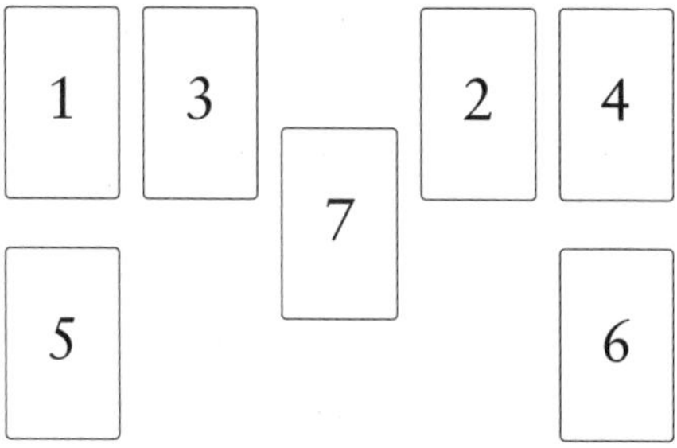

Das alles müßte eigentlich genügend Stoff für die unglaublichsten Spekulationen und auch jede Menge Spaß abgeben. (Denk daran: Das Tarot möchte dir Hilfe und Rat auf deinem Weg geben, aber nimm es, wie alles andere im Leben, nicht zu ernst.)

Solltest du gerade in einer äußerst verzwickten Liebesgeschichte stecken, kannst du die Fragen an das Tarot natürlich frei variieren, zum Beispiel:

1. Was kann ich tun, damit er/sie mich endlich verläßt?
2. Welches ist der richtige Zeitpunkt, um ihm/ihr entgültig zu entwischen?
3. Wie kann ich ihn/sie am besten ablenken? Und so weiter.

Du kannst die Karten des Tarot wirklich alles fragen, was dir zu diesem Thema gerade in den Sinn kommt.

Theater

Manchmal gibt es verfahrene Situationen im Freundeskreis oder in der Familie.

Vielleicht denkst du, dass deine Mutter mit irgendetwas übertreibt oder dein Vater keine Ahnung von den für dich wichtigen Dingen im Leben hat. Deine Eltern hingegen denken vielleicht, dass du nur an dich denkst, dich viel zu wichtig nimmst oder dir über einige Dinge einfach Illusionen machst.

Kein Problem: Spielt einfach »Theater«, wenn ihr nicht mehr weiter wisst.

Dieses Legesystem ist allerdings komplizierter als die drei vorhergehenden, sodass es nur die Erfahreneren von euch benutzen sollten, die die Inhalte der Karten schon wirklich gut kennen gelernt haben. Also nicht gerade mit diesem System beginnen, wenn ihr erst am Anfang der Beschäftigung mit Tarot seid.

Denke darüber nach, um was es in dem »Stück« geht.

Wenn du dich gemein behandelt fühlst, kannst du ein Trauerspiel daraus machen, geht es um ein paar unglaubliche Wichtigtuer in eurer Gruppe, ist es vielleicht ein Drama, oder es wird gar eine Tragödie, wenn es Probleme mit der Liebe gibt oder gar Eifersucht.

Mische die Karten, teile dem Tarot mit, um welche Kategorie es sich handelt, ob es wirklich tragisch sein soll oder ein Schuss Humor erlaubt ist.

Dann legst du die Karten auf die entsprechenden Plätze:

1. Hauptdarsteller (entweder du oder eine andere Person)
2. Gegenspieler (entweder du oder eine andere Person)
3. Absichten des Hauptdarstellers
4. Absichten des Gegenspielers
5. So werden die Absichten des Hauptdarstellers durchkreuzt.
6. So werden die Absichten des Gegenspielers durchkreuzt.
7. Bei dieser Karte treffen alle wieder aufeinander.
8. Worum geht es eigentlich?
9. Ende, oder so könnte es ausgehen.

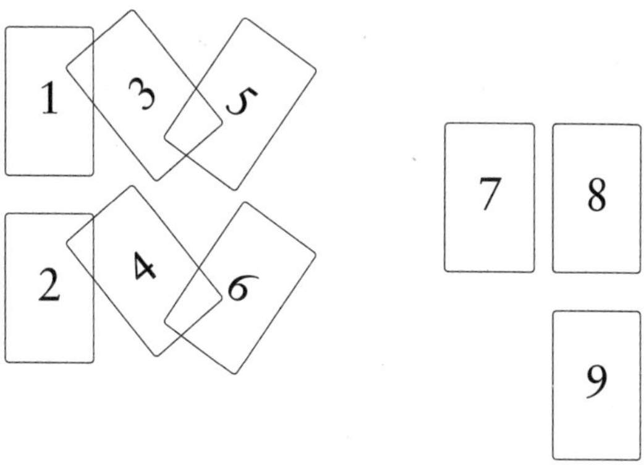

Das Spiel eignet sich auch für Tarot-Erkundungen in der Gruppe. Die Karten werden nur einmal vom Gruppenleiter gemischt. Neun Mitspieler ziehen hintereinander eine Karte und jeder macht sich mit seiner Rolle vertraut. Nun muss er versuchen, möglichst überzeugend den Hierophanten, den König der Stäbe oder welche Person auch immer darzustellen.

Von derselben Autorin

Rena Terhef:
I Ging für
Zauberhexen
Buch & I Ging-Münzen.
ISBN 3-89875-516-9

I Ging für dich:
Einsichten & Ansichten
für Zauberhexen
aus der Weisheit
des chinesischen Orakels.

Im Buchhandel erhältlich.